Berufssprache für Ärzte und Pflegekräfte

Deutsch im Krankenhaus

Neu

Intensivtrainer

Regine Grosser

Ernst Klett Sprachen
Stuttgart

Visuelles Konzept, Layout und Umschlaggestaltung: Kommunikation + Design Andrea Pfeifer
Umschlagfotos und Fotografie: Dr. med. Frank Sensen
Zeichnungen: Jürgen Bartz
Redaktion: Sabine Wenkums

Deutsch im Krankenhaus *Neu* – Materialien

Lehr- und Arbeitsbuch	606179
Lehrerhandreichungen	606180
Audio-CDs	606181
Transkripte der Hörtexte im Internet	
Online-Kurs mit Lehr- und Arbeitsbuch	607001
Intensivtrainer	605164
Kommunikation im Krankenhaus B1/B2	605162
Hörtexte zum Intensivtrainer und Transkripte im Internet	
Glossare Griechisch und Polnisch im Internet	

Symbole in *Deutsch im Krankenhaus Neu*

1 — Hören Sie Track 1 zum Intensivtrainer. Sie finden die Tracks im Internet: www.klett-sprachen.de/deutsch-im-krankenhaus/intensivtrainer

TIPP — Hier finden Sie sprachliche Tipps.

Informationen und zu diesem Titel passende Produkte finden Sie auf
www.klett-sprachen.de/deutsch-im-krankenhaus/intensivtrainer

1. Auflage 8 | 2025

Satz: Satzkasten, Stuttgart
Druck und Bindung: Elanders Waiblingen GmbH

ISBN 978-3-12-605164-4

Der Umwelt zuliebe!
- Aus Recyclingfasern
- Leichtere Grammatur
- Keine Folie

1 Begrüßen, vorstellen und nachfragen. Ordnen Sie den Dialog.

Guten Morgen, Achim, ich möchte Ihnen Ihre neue Kollegin vorstellen, das ist Schwester Svetlana. Ach so! – Entschuldigung, wie ist dein Name? • Danke. • Mein Name ist Achim. A – c – h – i – m. Duzen? Wie bitte? • Guten Morgen. Ich bin Svetlana Petrova. • Wir sagen „du" zu den Kollegen. Herzlich willkommen, Svetlana. Wir Schwestern und Pfleger duzen uns hier auf der Station. Ich bin Achim.

Dr. Stahl: Guten Morgen, Achim, ich möchte Ihnen Ihre neue Kollegin vorstellen, das ist Schwester Svetlana.

Sr. Svetlana: ______

Pfleger Achim: ______

Sr. Svetlana: ______

Pfleger Achim: ______

Sr. Svetlana: ______

Pfleger Achim: ______

Sr. Svetlana: ______

2a Sortieren Sie die Redemittel.

Ich heiße ... • Hallo! • Bis später! • Entschuldigung, wie heißen Sie? • Tschüss! Guten Tag! • Ich stelle Ihnen ... vor. • Ich bin ... • Woher kommen Sie? • Ich komme aus ...

begrüßen	sich vorstellen	jmd. vorstellen	sich verabschieden	nachfragen

1

2b Hören Sie und kontrollieren Sie Ihre Lösungen in Aufgabe 2a.

2c Sortieren Sie die Redemittel in die Tabelle von Aufgabe 2a.

Woher kommst du? • Guten Morgen! • Grüß Gott! • Auf Wiedersehen! • Wie bitte? Können Sie das wiederholen? • Guten Abend! • Wie schreibt man das? • Herzlich willkommen! Ich stelle dich ... vor. • Hier ist ... • Wie ist dein Name? • Ich heiße ...

3 Was sagen Sie? Ergänzen Sie den Dialog.

Dr. Stahl: Hallo, Sie sind sicher die neue Schwester. Ich bin Dr. Stahl, der Stationsarzt.

Sie: ______

Dr. Stahl: Ich stelle Ihnen meine Kollegin vor, das ist Dr. Kazanski, die Assistenzärztin.

Sie: ______

Dr. Kazanski: Ich heiße Kazanski, K A Z A N S K I. Woher kommen Sie?

Sie: ______

Dr. Kazanski: Ach? Ich komme aus der Ukraine. So, wir müssen in die Sonographie, bis später.

Sie: ______

4 Berufe und Tätigkeiten im Krankenhaus. Eine Tätigkeit passt nicht.

der Chefarzt:	ein Krankenhaus leiten	Ärzte anleiten	~~Blut abnehmen~~
die Oberärztin:	Frühstück bringen	untersuchen	Medikamente verschreiben
der Stationsarzt:	die Station leiten	Betten machen	Angehörige informieren
die Assistenzärztin:	Spritzen geben	Patienten baden	Rezepte schreiben
die Pflegedienstleitung:	operieren	Dienstpläne schreiben	neue Pflegekräfte einweisen
die Krankenpflegerin:	Medikamente austeilen	Diagnose stellen	Steckbecken reinigen
der Krankenpflegeschüler:	Grundpflege	Fieber messen	ein EKG auswerten
der Sozialberater:	Infusion legen	bei Problemen helfen	beraten

5 Wortschatz: Pflegepersonal. Ordnen Sie die Buchstaben zu Wörtern.

arOberzt O _ _ _ _ _ _ _ _ = Dieser Arzt leitet eine Station.

tionsungStaleit _ _ _ _ _ _ _ _ _ _ _ _ u n g = Leitung einer Station.

schüKrankenlerinpflege _ _ _ _ _ _ _ p _ _ _ _ _ s c h _ _ _ _ _ _ = Sie lernt den Beruf der Krankenschwester.

schwesterKranken _ _ _ _ _ _ _ _ _ _ _ _ _ _ _ _ = Ein anderes Wort für Krankenpflegerin.

trAz _ _ _ _ = Er hat Medizin studiert und arbeitet in einem Krankenhaus.

6 Hierarchie im Krankenhaus: Sie sind Krankenschwester/-pfleger. Wie sprechen Sie diese Personen an, mit „du" oder mit „Sie"?

Oberarzt	du ☐	Sie ☐	Hausmeister	du ☐	Sie ☐
Ärztin	du ☐	Sie ☐	Servicekraft in der Kantine	du ☐	Sie ☐
Pflegedienstleitung	du ☐	Sie ☐	Verwandte	du ☐	Sie ☐
Pflegepersonal	du ☐	Sie ☐	Freund	du ☐	Sie ☐
Patient	du ☐	Sie ☐	unbekannte Person	du ☐	Sie ☐

7 Das Patientenzimmer. Ordnen Sie zu.

die Jalousie = das Rollo • die Lampe • die Heizung • das Bett • das Telefon
der Vorhang • der Nachtschrank • das Tablett

1 ____________

2 ____________

3 ____________

4 ____________

5 ____________

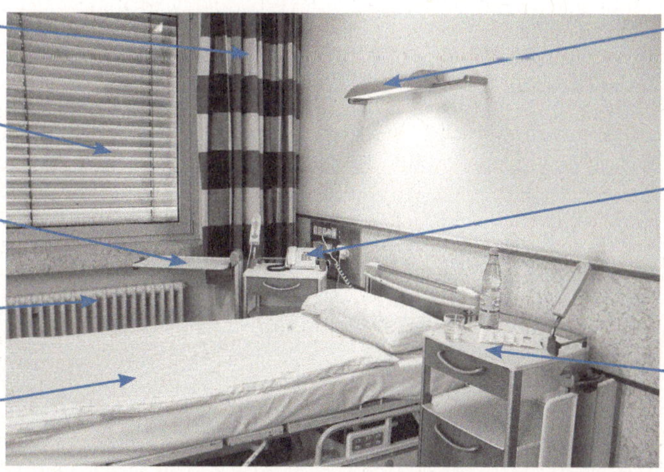

6 ____________

7 ____________

8 ____________

8 Bei Frau Krüger im Patientenzimmer. Hören Sie: Was ist richtig, was ist falsch? Kreuzen Sie an.

1. Frau Krüger geht es ganz gut.	☐ richtig	☐ falsch
2. Frau Krüger braucht ihre Kulturtasche.	☐ richtig	☐ falsch
3. Das Fieberthermometer liegt im Nachtschrank.	☐ richtig	☐ falsch
4. Schwester Svetlana soll das Fenster aufmachen.	☐ richtig	☐ falsch

9 Die Hubertus-Klinik. Welche Zahlen hören Sie? Kreuzen Sie an.

1. Die Klinik gibt es seit	☐ 60	☐ 16	☐ 6	Jahren.
2. Die Klink hat	☐ 9	☐ 19	☐ 12	Abteilungen.
3. Die Innere Abteilung hat	☐ 11	☐ 32	☐ 33	Betten.
4. Die Augenheilkunde hat	☐ 1	☐ 5	☐ 12	Betten.
5. Operationen pro Tag:	☐ 22-52	☐ 20-22	☐ 22-25	

10 Wo liegen die Patienten? Hören Sie und tragen Sie die Zimmernummern ein.

Frau Schmitz: ______ Frau Meier: ______ Herr Demir: ______ Herr Huber: ______

Herr Evertz: ______ Herr Oehme: ______ Herr Rosenbaum: ______ Frau Brudereck: ______

11 Wie spät ist es? Verbinden Sie.

1 C	15.00 Uhr	A	Es ist zwanzig vor eins.
2 ____	03.00 Uhr	B	Es ist Viertel nach zwei.
3 ____	12.40 Uhr	C	Es ist drei Uhr.
4 ____	13.00 Uhr	D	Es ist fünf nach halb zehn.
5 ____	00.00 Uhr	E	Es ist ein Uhr.
6 ____	02.15 Uhr	F	Es ist Mitternacht.
7 ____	06.30 Uhr	G	Es ist Viertel vor fünf. Oder: Es ist dreiviertel fünf.
8 ____	09.35 Uhr	H	Es ist kurz vor zwölf.
9 ____	11.57 Uhr	I	Es ist halb sieben.
10 ____	16.45 Uhr	J	Es ist drei Uhr.

12 Der Dienstplan von Dr. Kazanski. Hören und antworten Sie.

1. Von wann bis wann geht der Frühdienst? ______________________
2. Von wann bis wann geht der Spätdienst? ______________________
3. Wann endet der Bereitschaftsdienst? ______________________

13 Wochentage: Schreiben Sie die Wochentage.

Mo ____________ Di ____________ Mi ____________ Do ____________

Fr ____________ Sa ____________ oder Sonnabend So ____________

14 Lesen Sie die Zahlen und schreiben Sie sie wie im Beispiel.

elf 11 dreiundzwanzig ________ zwanzig ________ vier ________

siebzehn ________ neunzehn ________ eins ________ vierzehn ________

1 eins 17 ________ 25 ________ 0 ________ 6 ________ 24 ________

Aussprache und Rechtschreibung

15a Zahlen: Hören Sie und sprechen Sie nach.

15b Hören Sie noch einmal und schreiben Sie zuerst die Ziffern.

14 - vierzehn

40 - vierzig

der 4. - der vierte

15c Schreiben Sie jetzt die Zahlen in Aufgabe 15b aus.

> **TIPP**
> **40 – vierzig**: Sie hören *-zich* und schreiben *-zig*. So ist es auch mit allen anderen Zahlen auf *-ig*.

16 Welche Zahl ist richtig? Lesen Sie und kreuzen Sie an.

65 ☐ sechsundfünfzig ☐ fünfundsechzig

32 ☐ zweiunddreißig ☐ dreiundzwanzig

94 ☐ neunundvierzig ☐ vierundneunzig

17a Berufe: Hören Sie und sprechen Sie nach.

17b Klatschen Sie die Silben mit den Händen und markieren Sie die betonten Silben.

die Pflegedienstleitung

der Arzt – die Ärztin

der Krankenpflegeschüler – die Krankenpflegeschülerin

der Oberarzt – die Oberärztin

der Krankenpfleger – die Krankenschwester

der Assistenzarzt – die Assistenzärztin

der Sozialberater – die Sozialberaterin

17c Trennen Sie die Wörter an den Wortgrenzen und schreiben Sie die Artikel der Wörter.

Pflegedienstleistung Pflege – dienst – leitung → die Pflege, der Dienst, die Leitung

Krankenpfleger ______ → ______

17d Markieren Sie in Aufgabe 17 c den Artikel, der für das ganze Wort gilt.

Regel: Welcher Artikel gilt für das ganze Wort? ______

Grammatik

18 Verben mit Ergänzung. Ordnen Sie die Sätze in die Tabelle.

1. Ich bin Schwester Svetlana.
2. Schmeckt es Ihnen?
3. Ich leite die Station.
4. Ich verstehe Sie nicht.
5. Das ist der OP.
6. Ich helfe Ihnen.
7. Informieren Sie bitte die Angehörigen.
8. Frau Krüger, wie geht es Ihnen?
9. Dr. Kazanski untersucht Sie gleich.

Verben mit Nominativergänzung	Verben mit Akkusativergänzung	Verben mit Dativergänzung
1. Ich bin Schwester Svetlana.		

19 Schreiben Sie die Aussagesätze in die Tabelle.

1. *Dr. Stahl:* Ich / Sie / untersuchen
2. *Sr. Svetlana:* Ich / Ihnen / helfen
3. *Sr. Svetlana:* Ich / Ihnen / Fieber / messen
4. *Pfl. Tobias:* Ich / das Licht / anmachen
5. *Sr. Svetlana:* Ich / das Fenster / aufmachen
6. *Dr. Kazanski:* Sr. Svetlana / die neue Schwester / sein

Subjekt	Verb	Ergänzung	Satzende

20 Ergänzen Sie die Personalpronomen im Nominativ, Akkusativ und Dativ.

Nominativ	ich	du	er	es	sie	wir	ihr	sie	Sie
Akkusativ	mich	dich	ihn	es	sie	uns	euch	sie	Sie
Dativ	mir	dir	ihm	ihm	ihr	uns	euch	ihnen	Ihnen

1. *Sr. Svetlana:* Tobias, wir gehen jetzt in das Zimmer von Frau Krüger. _____________ liegt im Bett und soll gewaschen werden.
2. *Pfl. Tobias:* Guten Morgen, Frau Krüger. Wie geht es _____________?
3. *Frau Krüger:* _____________ habe keine Schmerzen, es geht _____________ besser.
4. *Sr. Svetlana:* _____________ machen Ihr Bett. Tobias, hilfst du _____________?
5. *Pfl. Tobias:* Klar, ich helfe _____________. Frau Krüger, _____________ müssen auch noch die Tabletten nehmen, _____________ sind im Tablettendispenser.
6. *Frau Krüger:* Geben _____________ mir bitte meine Kulturtasche, _____________ liegt auf dem Tisch.
7. *Pfl. Tobias:* Bitte messen _____________ jetzt Fieber. Wo ist das Fieberthermometer?
8. *Frau Krüger:* _____________ liegt hier auf dem Nachtschrank.
9. *Pfl. Tobias:* Danke. Frau Krüger, gleich kommt Dr. Stahl. _____________ untersucht _____________.

21 Lesen Sie Aufgabe 20 noch einmal. Beantworten Sie die Fragen mit dem Personalpronomen wie im Beispiel.

1. Was ist der Beruf von Schwester Svetlana? Sie ist Krankenschwester.
2. Wie heißt die Patientin? ______
3. Wie geht es der Patientin? ______
4. Was möchten Svetlana und Tobias machen? ______
5. Wo liegt das Fieberthermometer? ______

22 Um Hilfe bitten und Hilfe anbieten. Ergänzen Sie die Personalpronomen.

1. *Svetlana:* Achim, ich möchte das Bett von Frau Krüger machen. Hilfst ______ ______?
2. *Svetlana:* Achim und Tobias, ich möchte das Bett machen. Helft ______ ______?
3. *Svetlana:* Achim, ich mache das Bett von Frau Krüger, ich brauche ______.
4. *Svetlana:* Achim, machst du das Bett von Frau Krüger? Brauchst ______ ______?
   Ich helfe ______.
5. *Svetlana:* Achim und Tobias, bringt ihr Frau Krüger zur Toilette? Ich helfe ______.
6. *Svetlana:* Herr Dr. Stahl, brauchen Sie ______? Ich helfe ______.
7. *Svetlana:* Frau Dr. Kazanski, Herr Dr. Stahl, ich helfe ______.

23 Duzen oder Siezen? Singular oder Plural? Markieren Sie *dir, Ihnen* oder *euch.*

Situation 0: Frau Dr. Kazanski kommt auf die Station. Sie begrüßt Schwester Svetlana:
„Guten Tag, Schwester Svetlana. Wie geht es dir / Ihnen / euch?"

Situation 1: Frau Dr. Kazanski kommt auf die Station. Sie begrüßt Schwester Svetlana und Pfleger Tobias: „Guten Tag. Wie geht es dir / Ihnen / euch?"

Situation 2: Schwester Svetlana begrüßt Pfleger Tobias und Lernschwester Jessica:
„Hallo Kollegen, wie geht es dir / Ihnen / euch?

Situation 3: Schwester Svetlana kommt auf die Station. Sie begrüßt Pfleger Tobias:
„Hallo, Tobias, wie geht es dir / Ihnen / euch?

Situation 4: Pfleger Tobias kommt morgens in das Patientenzimmer von Frau Yildirim und Frau Meier. Er begrüßt die beiden Patientinnen: „Guten Morgen, wie geht es dir / Ihnen / euch?

Situation 5: Herr Dr. Stahl kommt auf die Station. Er begrüßt Schwester Svetlana.
„Guten Tag, Sie sind die neue Schwester? Wie geht es dir / Ihnen / euch?

24 Sie verstehen nicht: Wer? Wen? Was? Wem? Fragen Sie nach.

1. Svetlana, dort ist Dr. Stahl. — Entschuldigung, wer ist das?
2. Frau Krüger geht es heute nicht gut. ______
3. Dr. Kazanski untersucht Frau Krüger. ______
4. Dr. Stahl untersucht Herrn Evertz. ______
5. Svetlana, ich brauche die Liste. ______
6. Der Tablettendispenser ist im Schrank. ______
7. Achim hilft dir. ______
8. Du hilfst Achim. ______

1 Abteilungen im Krankenhaus: Was passiert wo? Ordnen Sie zu.

1 _F_ die Zentralsterilisation
2 ___ die Physiotherapie
3 ___ das Arztzimmer
4 ___ die Intensivstation
5 ___ das Untersuchungszimmer
6 ___ der unreine Arbeitsraum
7 ___ der Geräteraum
8 ___ das Patientenzimmer
9 ___ der Operationssaal
10 ___ das Labor
11 ___ die Apotheke
12 ___ das Schwesternzimmer
13 ___ die Kantine
14 ___ die Aufnahme
15 ___ der Sozialdienst
16 ___ die Innere Station

A Sozialarbeiter und Sozialpädagogen beraten Patienten und Angehörige bei Problemen.
B Hier untersuchen Ärzte die Patienten.
C Medizinisch-Technische Angestellte (MTA) untersuchen hier Blut und Gewebe von Patienten.
D Hier liegen die Patienten in ihren Betten.
E Die Krankengymnasten helfen hier mit Übungen und Massagen.
F Hygienefachleute desinfizieren hier und sterilisieren Betten, Geräte und Instrumente.
G Hier machen Schwestern und Pfleger ihre Pause.
H Sehr kranke Menschen liegen hier. Auf dieser Station sind mehr medizinisches Personal und Geräte als auf einer normalen Station.
I Ärzte und Patienten können hier essen.
J Hier machen die Ärzte die Verwaltungsarbeit.
K Hier liegt die schmutzige Wäsche. Hier werden die Bettschüsseln gesäubert.
L Hier stehen Rollstühle, Betten und Material.
M Hier arbeiten Internisten. Sie behandeln alle inneren kranken Organe.
N Hier legen Apotheker Medikamente bereit.
O Hier melden sich Patienten an.
P Kranke werden hier operiert.

2 Wer macht was wo? Ergänzen Sie.

1. Im Labor _untersucht die MTA Blut._
2. Beim Sozialdienst ___
3. In der Apotheke ___
4. In der Sonographie ___
5. Im Operationssaal ___
6. In der Aufnahme ___
7. Im Röntgen ___
8. Auf der Intensivstation ___
9. Im EKG ___
10. In der Physiotherapie ___
11. In der Pflegedienstleitung ___

3 Wie heißen die Nomen zu den Verben und die Verben zu den Nomen?

Nomen	Verb
die Operation	*operieren*
	aufnehmen
das Röntgen	

Nomen	Verb
	therapieren
die Pflege	
	untersuchen

4 KREUZWORTRÄTSEL: Stationen in einem Krankenhaus

waagerecht:

1 Frauenheilkunde
2 Massagen, Krankengymnastik, Bestrahlung
3 Geräte, Betten und Werkzeuge werden hier sterilisiert und desinfiziert.
4 Hier werden Medikamente bereitgestellt.
5 Hier werden Körper mit Röntgenstrahlen durchleuchtet.
6 Erstversorgung, Erste Hilfe
7 Abkürzung: Operationssaal

senkrecht:

8 Abkürzung: Elektrokardiogramm
9 Abkürzung: Hals-Nasen-Ohren
10 Leichenkeller
11 Station für Hautkrankheiten
12 Hier arbeiten Chirurgen.
13 Hier wird Blut untersucht.
14 Ultraschall

Lösungswort: Das macht man im Krankenhaus:

___ ___ ___ ___ ___ ___
1 2 3 4 5 6

5 Den Weg erklären

Sie sind gerade an der Pforte. Die Besucher fragen: „Entschuldigung, wo ist …"

1. die Gynäkologie?
   Fahren Sie mit dem Aufzug in den 6. Stock. Die Gynäkologie ist rechts neben der Augen-Station.
2. die Dermatologie?
   ____
   ____
3. die Personalabteilung?
   ____
   ____
4. die Cafeteria?
   ____
   ____
5. die Physiotherapie?
   ____
   ____

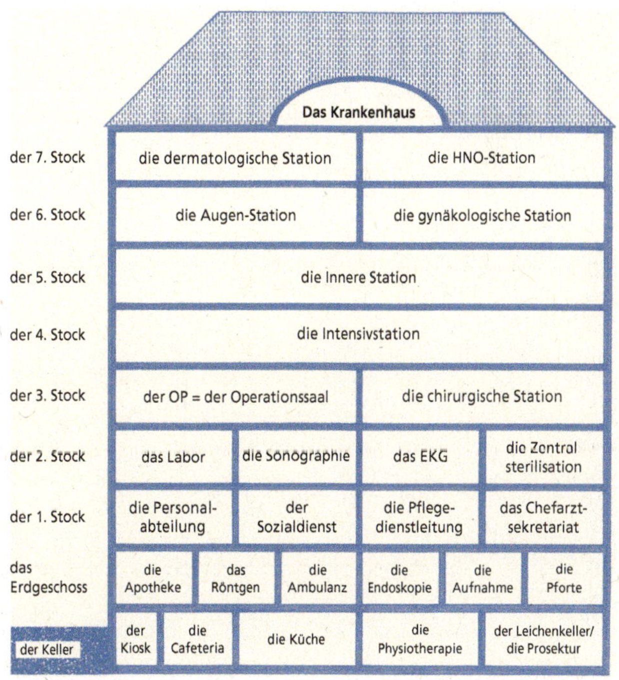

6. die Intensivstation?
   ____
   ____
7. die Ambulanz?
   ____
   ____

12

6a Hören Sie und schreiben Sie: Was ist im ersten/... Stock ? Hören Sie mehrmals.

Im 1. Stock ist *das Labor und ...*

Im 3. Stock ist

Im 4. Stock ist

Im 5. Stock ist

Im Erdgeschoss ist

Im Keller ist

6b Schreiben Sie die Ordinalzahlen in den Sätzen von Aufgabe 6a aus.

Im ersten Stock ist das Labor.

Im

Im

Im

7 Wo ist ...? Beschreiben Sie den Weg und schreiben Sie die Ordinalzahlen aus.

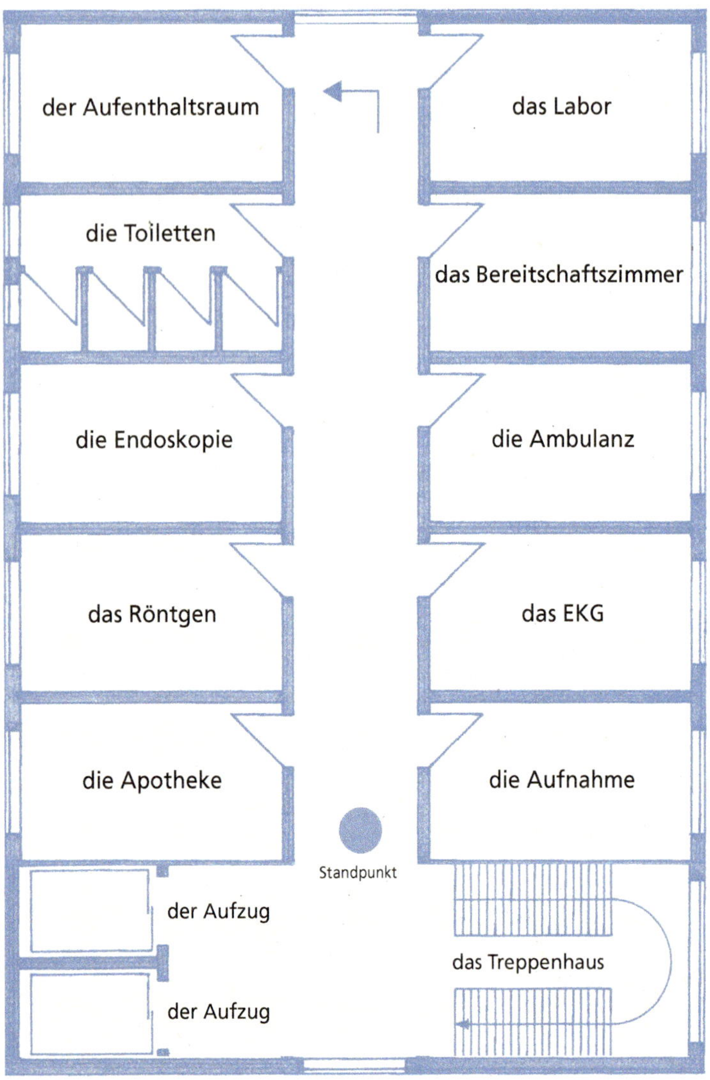

1. Wo ist das Labor?
   Gehen Sie geradeaus, die fünfte Tür rechts, da ist das Labor.
2. Wo ist die Endoskopie?
3. Wo ist das EKG?
4. Wo ist das Röntgen?
5. Wo ist die Apotheke?
6. Wo ist die Ambulanz?
7. Wo sind die Toiletten?
8. Wo ist der Aufenthaltsraum?

8 Die Besucher fragen: Wo ist ...? Sie antworten.

die Ambulanz Frau Yildirim	die Gynäkologie Frau Schmidt	der OP Lena Meier	das Röntgen Herr Huber
die Sonographie Herr Rosenbaum	das EKG Frau Brudereck	Zimmer 15 Herr Evertz	der Aufenthaltsraum Herr Öhme

1. Wo ist Herr Rosenbaum? Herr Rosenbaum ist in der Sonographie.
2. Wo ist meine Mutter, Frau Yildirim? ______
3. Wo ist Herr Huber? ______
4. Ich bin Herr Öhme. Ich suche meinen Vater. ______
5. Wo ist Frau Brudereck? ______
6. Schmidt, meine Frau bekommt ein Kind, wo ist sie? ______
7. Wo liegt Herr Evertz? ______
8. Wo ist Lena Meier? Sie hatte einen Unfall! ______

9a Aufträge erteilen.

Sie sind die Stationsleitung und geben Schwester Svetlana die Aufträge für den Vormittag.

> Herrn Evertz ins Röntgen begleiten • die alten Röntgenbilder von Herrn Evertz mitnehmen • Blut ins Labor bringen und es dort vor der Tür links abstellen • die Befunde vom Computer abrufen • einen Rollstuhl holen • Frau Krüger in einem Rollstuhl zum EKG fahren • die Tochter von Frau Krüger anrufen • Frau Krüger beim EKG abholen • Sozialdienst zu Frau Lange schicken • mit Herrn Wirtz zur Physio gehen

1. Begleiten Sie Herrn Evertz bitte ins Röntgen.
2. ______
3. ______
4. ______
5. ______
6. ______
7. ______
8. ______
9. ______
10. ______

9b Frühschicht, Grundpflege: Schwester Susanne sagt Lernschwester Jessica, was sie tun soll.

> die Betten machen • die Zimmer aufräumen • den Patienten beim Waschen helfen • Frau Krüger baden • die Grundpflege im Pflegebericht dokumentieren • Temperatur von Herrn Wirtz messen (morgens und mittags)

1. Mach bitte die Betten.
2. ______
3. ______
4. ______
5. ______
______
6. ______
______

9c Schwester Susanne sagt Schwester Arzu und Pfleger Achim, was sie tun sollen.

Herrn Evertz ~~beim Waschen~~ helfen • Blutdruck von Frau Krüger stündlich messen • bei Frau Krüger auf die neue Medikamentierung achten • Frau Krüger in einem Rollstuhl in den Garten fahren • Frau Puschmann viel zu trinken geben • Temperatur von Frau Puschmann messen

1. Helft Herrn Evertz beim Waschen.
2. ______
3. ______
4. ______
5. ______
6. ______

10 Schwester Svetlana bekommt viele Aufträge. Sie versteht nicht alles und fragt nach. Ordnen Sie zu. Manchmal passen zwei Lösungen.

Svetlana hört:

1 ____ Ich bin Pfleger Achim.

2 ____ Bring das Blut ins Labor und stell es rechts vor die Tür.

3 ____ Bringen Sie Frau Krüger Tee.

4 ____ Hol einen Rollstuhl und hol Frau Krüger in der Physio ab.

5 ____ Messen Sie den Blutdruck von Frau Krüger stündlich und die Temperatur morgens, mittags und abends.

Sie fragt nach:

A Entschuldigung, was soll ich Frau Krüger bringen?

B Habe ich richtig verstanden, ich soll Frau Krüger im Rollstuhl fahren?

C Entschuldigung, wie heißt du?

D Entschuldigung, kannst du das noch mal wiederholen? Was soll ich tun?

E Könnten Sie das bitte wiederholen, ich spreche noch nicht so gut Deutsch.

11 Nachfragen: Fragen Sie nach den unterstrichenen Satzteilen.

wer • wer • wer • wen • was • wo • wohin • um wie viel Uhr / wann • bis wann • ab wann • wem

Beispiel: Dr. Stahl soll in die Aufnahme kommen.

Entschuldigung, wer soll in die Aufnahme kommen?

Entschuldigung, wohin soll Dr. Stahl kommen?

1. Die Dokumentation muss bis 15 Uhr fertig werden. – ______ – ______
2. Bringen Sie Frau Puschmann in die Reha. – ______ – ______
3. Die Tochter von Frau Krüger kommt um 12 Uhr. – ______ – ______
4. Pfleger Dennis hilft Ihnen ab halb vier. – ______ – ______
5. Die Pflegedienstleitung ist in Raum 12. – ______ – ______
6. Sagen Sie Dr. Stahl, er soll Dr. Kazanski helfen. – ______ – ______

12 Nachfragen: Habe ich Sie richtig verstanden, ich soll …?

Die Stationsleitung sagt:
1. Leeren Sie das Steckbecken aus.
2. Spülen Sie das Steckbecken aus und desinfizieren es.
3. Holen Sie einen Rollstuhl aus dem Geräteraum.
4. Begleiten Sie Frau Puschmann in den Aufenthaltsraum.
5. Holen Sie Frau Öhme an der Ambulanz ab.
6. Sprechen Sie mit den Angehörigen von Frau Krüger.
7. Frau Krüger bekommt vor der OP kein Frühstück. Denken Sie daran.
8. Tragen Sie die Temperatur von Frau Krüger in die Fiebertabelle ein.
9. Rufen Sie die Tochter von Frau Krüger an, sie wird heute entlassen.

1. *Habe ich Sie richtig verstanden, ich soll das Steckbecken ausleeren?*
2. ______
3. ______
4. ______
5. ______
6. ______
7. ______
8. ______
9. ______

13 Aufträge weitergeben. Sie haben Telefondienst auf Ihrer Station. Hören Sie. 13–15

1. Wer ruft an? ______
   Wohin soll Frau Lange gehen? ______
2. Wer ruft an? ______
   Was soll Dr. Stahl tun? ______
3. Wer ruft an? ______
   Was soll Dr. Kazanski tun? ______

Aussprache und Rechtschreibung

14a Hören Sie die Zahlen und schreiben Sie die Ziffern. 16

14 – *40* – *der 4.*   ___ – ___ – ___
___ – ___ – ___   ___ – ___ – ___
___ – ___ – ___   ___ – ___
___ – ___ – ___   ___ – ___
___ – ___ – ___   ___ – ___

14b Hören Sie die Zahlen noch einmal und sprechen Sie nach.

14c Hören Sie noch einmal und ergänzen Sie die fehlenden Buchstaben.

vierzehn – vierz________	der vierte	achtzehn – achtz________	der achte
fünfzehn – fünfz________	der fünfte	dreizehn – dreiß________	der dritte
sechzehn – sechz________	der sechste	neunzehn – neunz________	der neunz________ste
siebzehn – siebz________	der siebz________ste		
zehn – der zehnte	elf – der elfte	zwölf – der zwölfte	

15 Lesen Sie die Zahlen laut und schreiben Sie sie aus.

93	____________	39	____________	35	____________
3	____________	24	____________	42	____________
78	____________	87	____________	156	____________
165	____________	372	____________	327	____________
495	____________	954	____________	594	____________
599	____________	918	____________	981	____________
1443	____________	1334	____________	7432	____________
4327	____________	2437	____________	3742	____________

Zehner-Zahlen sprechen: 2 3 → drei / und / zwanzig

Grammatik

16 Ergänzen Sie die Präpositionen und den Artikel.

zu • zum • zur • in • in den • in den • im • aus dem
auf den • auf dem • auf das • auf die • vor der

1. Guten Tag, Frau Krüger. Ich bringe Sie ________________ Röntgen. Setzen Sie sich bitte ________________ Rollstuhl. Soll ich Ihnen ________________ Bett helfen, oder können Sie ohne Hilfe aufstehen?
2. Herr Özlem, ich begleite Sie ________________ Aufenthaltsraum. Ihre Familie ist schon ________________ Aufenthaltsraum. Nachher begleite ich Sie wieder zurück ________________ Ihr Zimmer.
3. Schwester Svetlana, legen Sie den Arztbrief ________________ Schreibtisch von Dr. Stahl. Gehen Sie dann ________________ Dr. Stahl und sagen Sie ihm Bescheid.
4. Dr. Stahl, der Arztbrief liegt ________________ Schreibtisch in Ihrem Büro.
5. Herr Evertz, ich bringe Sie ________________ Toilette. Setzen Sie sich bitte vorsichtig ________________ Toilette. Ich warte ________________ Tür.

17 Ergänzen Sie die Artikel.

1. Bringen Sie Frau Krüger in _die_ Endoskopie, in _den_ OP, in _d_ Zimmer.
2. Bringen Sie die Aufnahmen in ______ (= ______) Sekretariat, zu ______ (= ______) Chefarzt.
3. Legen Sie den Arztbrief auf ______ Tisch.
4. Liegt der Arztbrief auf ______ Tisch?
5. Bringen Sie den Rollstuhl in ______ Geräteraum, in ______ Ambulanz, in ______ Aufenthaltsraum.
6. Setzen Sie sich bitte auf ______ Stuhl, auf ______ (= ______) Bett, auf ______ Liege.
7. Ist Frau Krüger bei ______ Krankengymnastik, bei ______ (= ______) Arzt, bei ______ Ärztin?
8. Gehen Sie durch ______ Aufenthaltsraum, durch ______ Glastür auf die Terrasse.
9. Ich bringe Sie zu ______ (= ______) WC und warte vor ______ Tür.
10. Kommen Sie in ______ (= ______) EKG, in ______ OP, in ______ Aufnahme.

18 Welche Präposition ist richtig? Kreuzen Sie an.

1. Stellen Sie den Rollstuhl wieder auf den ☐ unter den ☐ in den ☐ Geräteraum.
2. Wo sind die Rollstühle? – Die Rollstühle sind beim ☐ im ☐ zum ☐ Geräteraum.
3. Wo ist der Geräteraum? – Der ist im ersten Stock neben der ☐ zwischen der ☐ Aufnahme.
4. Frau Krüger ist auf dem ☐ aus dem ☐ zum ☐ im ☐ Aufenthaltsraum.
5. Bring Frau Krüger nach der ☐ zu der ☐ auf die ☐ Station zurück.
6. Bring bitte Herrn Evertz auf die ☐ durch die ☐ in die ☐ Innere Abteilung in ☐ zu ☐ bei ☐ Frau Dr. Kazanski.
7. Wo warten die Patienten auf die Behandlung? – Direkt vor der ☐ in der ☐ aus der ☐ Tür.
8. Frau Krüger, ich helfe Ihnen auf den ☐ in den ☐ zu dem ☐ Rollstuhl.

19 Aufträge weitergeben: Sie sollen etwas ausrichten.

1. Apotheke / Medikamente abholen
2. Medikamente in den Medikamentenschrank einsortieren
3. Ärztliche Verordnung lesen
4. Dispenser beschriften
5. Medikamentenpackungen erst kurz vor dem Einsortieren öffnen
6. Medikamente auf Dispenser verteilen
7. Medikamente an die Patienten verteilen
8. Medikamentenverabreichung dokumentieren: Datum, Uhrzeit und Unterschrift

Die Stationsleitung hat gesagt,

1. _... du sollst die Medikamente in der Apotheke abholen._
2. ______
3. ______
4. ______
5. ______
6. ______
7. ______
8. ______

1 Betten machen. Ordnen Sie die Verben zu. Manchmal passen zwei Verben.

aufziehen • einspannen • glatt ziehen • abziehen • machen • aufschütteln • desinfizieren
herrichten/vorbereiten • informieren • aussortieren

Wäschewagen ____________________

Patienten ____________________

schmutzige Bettwäsche ____________________

schadhafte Bettwäsche ____________________

Hände ____________________

saubere Bettwäsche ____________________

Stecklaken ____________________

Laken ____________________

Bett ____________________

Kopfkissen ____________________

2a Was sagen Schwester Svetlana und Pfleger Achim beim Betten machen?

brauchen • machen • helfen • sich setzen • aufstehen
abziehen • aufschütteln • glatt ziehen • stecken • machen • holen

Sr. Svetlana: Guten Morgen, Frau Krüger.

Fr. Krüger: Guten Morgen.

Pfl. Achim: Guten Morgen, Frau Krüger. Ich bin Pfleger Achim. Wir ____________ (1) jetzt Ihr Bett. ____________ Sie bitte ____________ (2)? Ich ____________ (3) Ihnen.

Fr. Krüger: Das ist nett.

Pfl. Achim: ____________ Sie ____________ (4) bitte hier auf den Stuhl.

Fr. Krüger: Können Sie bitte meine Decke neu beziehen? Sie hat einen Fleck.

Sr. Svetlana: Ich ________ sie gleich ____________ (5). Das Kissen ist noch gut, das ____________ ich nur ____________ (6) und das Laken ____________ wir ____________ (7).

Pfl. Achim: Hier ist ein neuer Bezug, den alten ____________ (8) ich in den Wäschesack.

Fr. Krüger: Geben Sie mir bitte meinen Bademantel? Er hängt im Schrank. Mir ist sehr kalt.

Sr. Svetlana: Ich ____________ (9) ihn sofort.

Fr. Krüger: Danke. Können Sie bitte die Betteinlage herausnehmen? Die brauche ich doch nicht mehr und ich schwitze damit so stark.

Sr. Svetlana: Ja, das ____________ (10) wir.

Pfl. Achim: ____________ (11) Sie sonst noch etwas? Gleich gibt es Frühstück, möchten Sie aufbleiben?

Fr. Krüger: Nein, danke, ich habe alles. Und für das Frühstück setze ich mich an den Tisch.

Sr. Svetlana: Bis gleich.

17

2b Hören Sie und vergleichen Sie mit Ihren Antworten in Aufgabe 2a.

18

3 Im Zimmer von Herrn Evertz. Hören Sie: Richtig oder falsch? Kreuzen Sie an.

1. Herrn Evertz geht es schlecht. ☐ richtig ☐ falsch
2. Herr Evertz muss im Bett liegen. ☐ richtig ☐ falsch
3. Dr. Stahl möchte ein EKG machen. ☐ richtig ☐ falsch
4. Herr Evertz hat ein Thromboserisiko. ☐ richtig ☐ falsch
5. Herr Evertz trägt gerne Antithrombosestrümpfe. ☐ richtig ☐ falsch

4a Prophylaxen: Lesen Sie.

Medizinisches Fachwort	Allgemeinsprachliches Wort
die Aspiration	das Verschlucken
die Dehydration	die Austrocknung
der Dekubitus	das Druckgeschwür
die Intertrigo	die Entzündung der Haut
die Kontraktur	die Gelenksteife
die Obstipation	die Verstopfung
Soor-Parotitis	die Pilzinfektion im Mund und die Entzündung der Ohrspeicheldrüse
die Thrombose	der Verschluss eines Blutgefäßes

4b Was gehört zusammen?

Prophylaxe		Ziel	
1 _J_ die Dekubitusprophylaxe	soll	A eine Pilzinfektion im Mund, eine Entzündung der Ohrspeicheldrüse	verhindern.
2 ____ die Thromboseprophylaxe		B Verschlucken	
3 ____ die Pneumonieprophylaxe		C eine Blasenentzündung	
4 ____ die Dehydrationsprophylaxe		D den Verschluss eines Blutgefäßes	
5 ____ die Sturzprophylaxe		E Verstopfung	
6 ____ die Obstipationsprophylaxe		F den Sturz des Patienten	
7 ____ die Zystitisprophylaxe		G eine Lungenentzündung	
8 ____ die Soor-Parotitis-Prophylaxe		H Gelenksteife	
9 ____ die Kontrakturprophylaxe		I eine Entzündung der Haut	
10 ____ die Intertrigoprophylaxe		J ein Druckgeschwür	
11 ____ die Aspirationsprophylaxe		K die Austrocknung	

5 Welche Maßnahmen gehören zu welcher Prophylaxe? Aufgabe 4 hilft Ihnen.

Atemgymnastik • beim Essen aufrecht sitzen • Hautfalten trocken halten • ~~umlagern und eincremen~~
Trinkplan • Antithrombosestrümpfe • Rollator • Mundhygiene und Anregung der Kautätigkeit
Krankengymnastik und Physiotherapie • viel trinken und Unterkühlung vermeiden
ballaststoffreiche Ernährung und viel trinken

Prophylaxe:	Maßnahme:
1. die Dekubitusprophylaxe	*umlagern und eincremen*
2. die Thromboseprophylaxe	
3. die Pneumonieprophylaxe	
4. die Dehydrationsprophylaxe	
5. die Sturzprophylaxe	
6. die Obstipationsprophylaxe	
7. die Zystitisprophylaxe	
8. die Soor-Parotitis-Prophylaxe	
9. die Kontrakturenprophylaxe	
10. die Intertrigoprophylaxe	
11. die Aspirationsprophylaxe	

6 Prophylaxe und Maßnahmen: Was sagen Sie den Patienten? Ordnen Sie zu. Aufgabe 4 und 5 helfen Ihnen.

	Prophylaxe:		**Sie sagen zum Patienten, zur Patientin:**
1 C	Gehen Sie zur Physiotherapie für Triflo® und Atemgymnastik.	A	Das ist zur Obstipationsprophylaxe. Damit Sie keine Verstopfung bekommen.
2 ____	Die Schwester lagert Sie um und cremt sie ein.	B	Das ist zur Aspirationsprophylaxe. Damit Sie sich beim Essen nicht verschlucken.
3 ____	Ziehen Sie Antithrombosestrümpfe an.	C	Das ist zur Pneumonieprophylaxe. Damit Sie keine Lungenentzündung bekommen.
4 ____	Wir stellen Ihnen einen Trinkplan auf. Trinken Sie viel!	D	Das ist zur Soor-Parotitis-Prophylaxe. Damit Sie keine Pilzinfektion im Mund und keine Entzündung der Ohrspeicheldrüse bekommen.
5 ____	Pfleger Achim bringt Ihnen einen Rollator.	E	Das ist zur Zystitisprophylaxe. Damit Sie keine Blasenentzündung bekommen.
6 ____	Wir stellen den Speiseplan um. Essen Sie ballaststoffreiche Ernährung und trinken Sie viel.	F	Das ist zur Thromboseprophylaxe. Damit Sie keinen Verschluss eines Blutgefäßes bekommen.
7 ____	Trinken Sie viel trinken und vermeiden Sie Unterkühlung.	G	Das ist zur Sturzprophylaxe. Damit Sie nicht stürzen.
8 ____	Achten Sie auf Ihre Mundhygiene und wir müssen die Kautätigkeit anregen.	H	Das ist zur Dehydrationsprophylaxe. Damit Sie nicht austrocknen.
9 ____	Gehen Sie zur Krankengymnastik, Sie müssen Ihre Gelenke bewegen.	I	Das ist zur Intertrigoprophylaxe. Damit Sie keine wunden Stellen in Hautfalten bekommen.
10 ____	Halten Sie Ihre Hautfalten trocken.	J	Das ist zur Kontrakturprophylaxe. Damit Sie keine steifen Gelenke bekommen.
11 ____	Sitzen Sie aufrecht beim Essen.	K	Das ist zur Dekubitusprophylaxe. Damit Sie kein Druckgeschwür bekommen.

7a Ein Patient kann sich nicht allein waschen. Schwester Svetlana hilft. Was sagt sie?

	Tätigkeit:	**Schwester Svetlana sagt:**	**Utensil:**
Gesicht:	ich / Sie / Gesicht / waschen	Ich wasche Ihnen jetzt das Gesicht.	____
	ich / Sie / Gesicht / eincremen	____	____
Mund:	ich / Sie / Zähne / putzen	____	____
			____
	ich / Sie / Gebiss heraus-nehmen und reinigen	____	____
		____	____
	ich / Sie / Gebiss / einsetzen	____	____
Haar:	ich / Sie / Haare / waschen	____	____
	ich / Sie / kämmen	____	____
Körper:	ich / Sie / baden	____	____
	ich / Sie / abtrocknen	____	____

7b Hygiene-Utensilien: Ordnen Sie in Aufgabe 7a zu.

Zahnpasta • Waschlappen • Seife • Zahnputzbecher • Creme • Gebissreiniger • Shampoo
Kamm • Badezusatz • Handtuch • Zahnbürste

Aussprache und Rechtschreibung

8 Suchen Sie 10 Erkrankungen, die man durch eine Prophylaxe verhindern kann.

	→																				
↓	D	E	K	U	B	I	T	U	S	L	P	G	Z	Y	S	T	I	T	I	S	C
	W	G	D	G	E	Z	L	B	D	J	N	H	L	E	V	C	W	O	Ö	M	T
	X	Q	A	A	T	L	Ö	Z	X	D	E	H	Y	D	R	A	T	I	O	N	H
	T	H	R	O	M	B	O	S	E	E	U	U	I	O	P	Ü	Ö	Ä	J	H	N
	A	S	D	F	G	H	M	K	L	Ö	M	I	O	I	U	Z	R	E	W	Q	Z
	D	B	G	R	T	F	H	D	S	O	O	R	P	A	R	O	T	I	T	I	S
	O	B	S	T	I	P	A	T	I	O	N	K	O	N	T	R	A	K	T	U	R
	B	F	E	S	T	G	Q	B	S	H	I	A	S	P	I	R	A	T	I	O	N
	Y	X	C	V	B	B	Z	I	N	T	E	R	T	R	I	G	O	L	D	W	S

9 Schreiben Sie die Wörter korrekt.

urStz _ _ _ _ _ = Ein Rollator verhindert das.

enendungLungtzün _ _ _ _ _ _ _ _ _ _ _ _ _ _ _ _ = Atemgymnastik verhindert das.

Verungstopf _ _ _ _ _ _ _ _ _ _ _ = Ballaststoffreiche Ernährung und Trinken verhindern das.

trockAusnung _ _ _ _ _ _ _ _ _ _ _ _ = Trinken nach Trinkplan verhindert das.

Gelenkfestei _ _ _ _ _ _ _ _ _ _ _ _ = Physiotherapie und Krankengymnastik verhindern das.

10 Lesen Sie laut. Die Betonung liegt auf der markierten Silbe.

Antithrombosestrümpfe	Damit Sie keine Thrombose bekommen.
Atemgymnastik	Damit Sie keine Lungenentzündung bekommen.
ballaststoffreiche Kost	Damit Sie keine Verstopfung bekommen.
Krankengymnastik	Damit Sie keine steifen Gelenke bekommen.

Grammatik

11 Trennbare Verben: Schreiben Sie Sätze.

1. den Wäschewagen mit der Bettwäsche vorbereiten:
   Ich bereite den Wäschewagen mit der Bettwäsche vor.
2. die schmutzige Bettwäsche abziehen:
   ____
3. das Laken glatt ziehen:
   ____
4. ein Stecklaken einspannen:
   ____
5. die beschädigte Bettwäsche aussortieren:
   ____

12 Trennbare Verben: Was antwortet Schwester Svetlana?

Frau Krüger: Guten Morgen, Schwester Svetlana. Können Sie bitte meine Bettdecke neu beziehen?

Sr. Svetlana: Ja, ich ziehe sie gleich ab.

Fr. Krüger: Können Sie bitte das Kissen aufschütteln? Es drückt mich.

Sr. Svetlana: ______________________________ (1)

Fr. Krüger: Können Sie bitte das Stecklaken einspannen? Es ist lose.

Sr. Svetlana: ______________________________ (2)

Fr. Krüger: Können Sie bitte den Bademantel aufheben? Er liegt auf dem Boden.

Sr. Svetlana: ______________________________ (3)

Fr. Krüger: Können Sie bitte die Betteinlage herausnehmen? Sie ist nass.

Sr. Svetlana: ______________________________ (4)

Fr. Krüger: Können Sie meine Tochter anrufen? Ich möchte mit ihr sprechen.

Sr. Svetlana: ______________________________ (5)

Fr. Krüger: Können Sie bitte das Fenster zumachen? Es ist kalt.

Sr. Svetlana: ______________________________ (6)

13 Bei der Übergabe: Ergänzen Sie die Personalpronomen.

1. Frau Öhme geht es nicht gut. Hilf __________ beim Essen.
2. Herrn Evertz geht es schlecht. Unterstütze __________ beim Anziehen. __________ braucht Hilfe.
3. Frau Klein und Herr Popov bekommen Besuch. Hilf __________ in den Aufenthaltsraum.
4. Herr Popov braucht vielleicht Hilfe bei der Atemgymnastik. Frag __________, ob er Hilfe braucht.
5. Frau Meier bekommt Frühstück. Reich __________ __________ bitte.

14 Fragen und Antworten am Morgen. Reflexivpronomen.

1. Frau Krüger, waschen Sie __________ allein? – Ja, ich wasche __________ allein.
2. Ziehen Sie __________ den Schlafanzug allein an? – Ja, ich ziehe __________ den Schlafanzug allein an.
3. Herr Evertz, kämmen Sie __________ die Haare allein? – Ja, ich kämme __________ die Haare allein.
4. Frau Öhme, putzen Sie __________ die Zähne allein? – Ja, ich putze __________ die Zähne allein.

15 Reflexiv- und Personalpronomen. Ergänzen Sie.

Pfl. Achim: Guten Morgen, Herr Popov. Kann ich __________ (1) beim Waschen helfen?

Hr. Popov: Ja, bitte. Können Sie __________ (2) den Rücken waschen?

Pfl. Achim: Ja, natürlich, ich wasche __________ (3) mit dem Waschlappen. Soll ich __________ (4) ans Waschbecken helfen? So, hier ist ein Stuhl, setzen Sie __________ (5) bitte.

Hr. Popov: Ich brauche das Handtuch. __________ (6) hängt dort rechts.

Pfl. Achim: Moment, ich bringe __________ __________ (7).

Hr. Popov: Danke. Können Sie __________ (8) auch die Haare kämmen?

Pfl. Achim: Ja, gerne. Wo ist der Kamm?

Hr. Popov: __________ (9) ist in der Kulturtasche. Ich möchte __________ (10) den Schlafanzug wieder anziehen. Geben Sie __________ (11) mir bitte.

Pfl. Achim: Legen Sie __________ (12) wieder auf das Bett. Ich unterstütze __________ (13).

1 Körperteile: Schreiben Sie.

der Unterschenkel • der Oberschenkel • die Wade • der Po / das Gesäß • der Nacken
das Kinn • ~~der Bauchnabel~~ • der Bauch • der Genitalbereich • die Brust • das Knie
der Unterarm • das Ohr • der Mund • die Hüfte • der Oberarm • der Fuß • die Stirn
die Leiste • die Hand • der Finger • die Zehe / der Zeh • die Schulter • der Kopf • der Hals
die Ferse • das Auge • der Rücken • die Nase • das Haar • der Ellbogen • die Achsel

1 *der Bauchnabel*
2 ____________
3 ____________
4 ____________
5 ____________
6 ____________
7 ____________
8 ____________
9 ____________
10 ____________
11 ____________
12 ____________
13 ____________
14 ____________
15 ____________
16 ____________

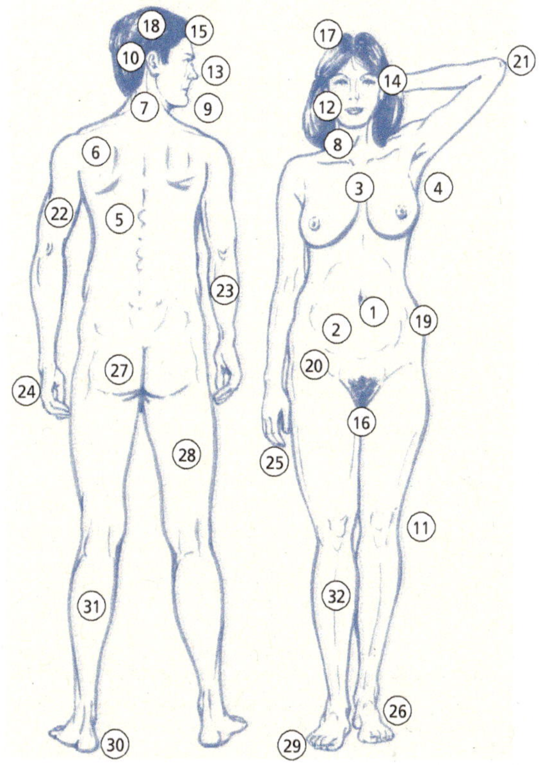

17 ____________
18 ____________
19 ____________
20 ____________
21 ____________
22 ____________
23 ____________
24 ____________
25 ____________
26 ____________
27 ____________
28 ____________
29 ____________
30 ____________
31 ____________
32 ____________

2 Streichen Sie das Wort, das nicht passt.

1. Kopf:	Stirn	~~Achsel~~	Kinn	Nase
2. Mund:	Nacken	Zähne	Zunge	Lippen
3. Arm:	Oberarm	Ellbogen	Unterarm	Hüfte
4. Hand:	Gesäß	Finger	Handgelenk	Daumen
5. Bein:	Unterschenkel	Zahn	Oberschenkel	Wade
6. Fuß:	Ferse	Bauchnabel	Zehen	Fußgelenk
7. Rücken:	Schulter	Nacken	Wirbelsäule	Leiste

3 Hören Sie. Was fragt der Arzt und welche Anweisungen gibt er? Kreuzen Sie an.

19

Fragen:		Anweisungen:			
Wie geht es Ihnen?	☐	beugen	☐	greifen	☐
Wie kann ich Ihnen helfen?	☐	hinstellen	☐	heben	☐
Was für Beschwerden haben Sie?	☐	ein- und ausatmen	☐	sich legen	☐
Haben Sie starke Schmerzen?	☐	senken	☐	anheben	☐
Seit wann haben Sie die Beschwerden?	☐	hochheben	☐	drücken	☐
Tut das weh?	☐				
Wo tut es weh?	☐				

4 Körperteil und Bewegung. Ordnen Sie zu.

biegen • stehen • sich stellen • ~~drehen~~ • heben • sehen • öffnen • schließen • beugen
sich legen • einatmen • ausatmen • drücken • senken • anheben • greifen • strecken

Kopf: drehen,	**Nase:**	**Rücken:**
Augen:	**Bein:**	**Arm:**
Mund:	**Fuß:**	**Hand:**

5 Sie sind der Arzt / die Ärztin. Geben Sie Frau Krüger Anweisungen, was sie tun soll.

1. sich gerade hinstellen *Stellen Sie sich bitte gerade hin.*
2. Arm biegen und strecken ______
3. linke Schulter heben und senken ______
4. Kopf nach rechts drehen ______
5. Augen schließen ______
6. tief ein- und ausatmen ______
7. Mund öffnen ______
8. Hand schließen ______
9. linkes Bein anheben ______
10. auf den Bauch legen ______
11. rechten Fuß gegen meine Hand drücken ______

20–25

6a Beschwerden. Hören Sie. Was tut den Patienten weh?

6b Sehen Sie die Bilder an und ergänzen Sie.

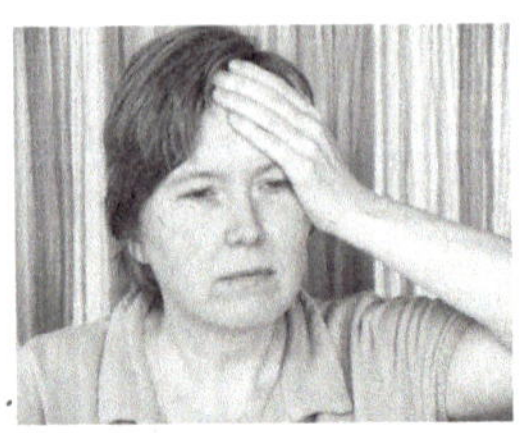

1. Mir tut *der Kopf* weh.
Ich habe Kopfschmerzen.

2. Mir tun die ______ so weh.
Ich habe ______

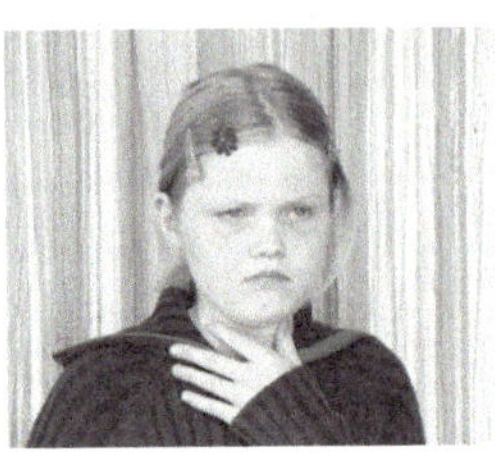

3. Mein ______ weh.
Ich habe ______

4. Mir tut der ______ weh.
Ich habe ______

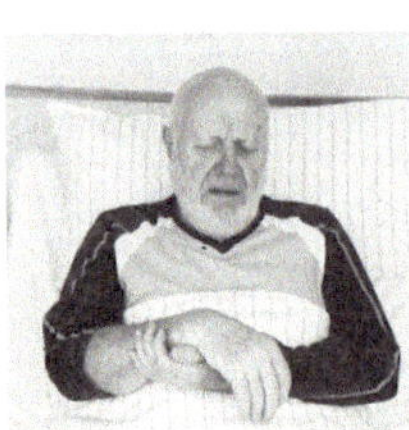

5. ______
Ich habe ______

6. Ich habe ______
Mein ______ tut hier weh.

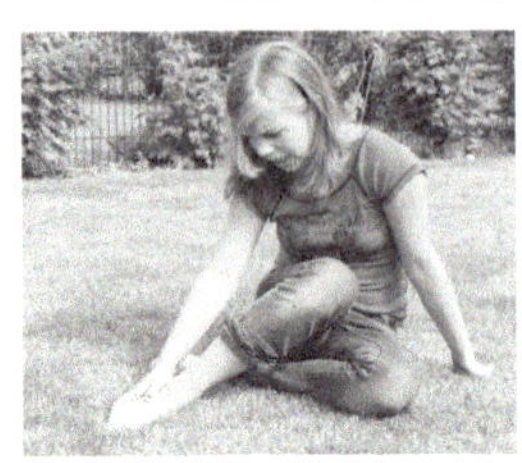

7 Ordnen Sie die Beschwerden den Körperteilen zu.

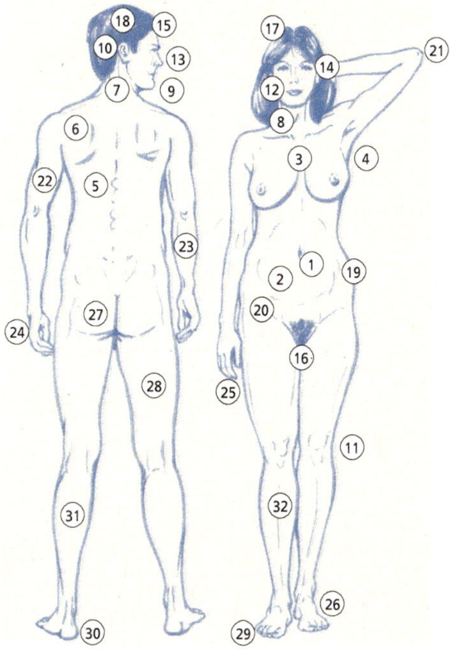

1. Schulterschmerzen → Nummer 6
2. Ohrenschmerzen → Nummer ______
3. Augenentzündung → Nummer ______
4. Kopfschmerzen → Nummer ______
5. Bauchschmerzen → Nummer ______
6. Schmerzen in den Fingergelenken → Nummer ______
7. Schmerzen im rechten Arm → Nummer ______
8. Hüftschmerzen → Nummer ______
9. Oberschenkelfraktur → Nummer ______
10. Halsschmerzen → Nummer ______
11. Schmerzen im Knie → Nummer ______
12. Schmerzen in den Beinen → Nummer ______
13. Ziehen in der Brust → Nummer ______

8 Fragen und nachfragen. Ordnen Sie zu.

Haben Sie Schmerzen? • Rechts oder links? • Wie geht es Ihnen? • Haben Sie Fieber?
Geht es Ihnen heute besser? • Was für Beschwerden haben Sie? • Wo genau tut es weh?
Welcher Fuß tut weh? • Tut es hier weh? • Was genau tut weh? • Können Sie die Zehen bewegen?
Haben Sie die Schmerzen auch nachts? • Oben oder unten? • Was tut Ihnen weh?
Wie lange haben Sie die Schmerzen schon?

Befinden?	Beschwerden?	Dauer (Zeit) des Schmerzes?	Schmerz lokalisieren

9a Hören Sie. Was ist richtig? 26

1. Wie geht es Herrn Evertz?	sehr gut ☐	gut ☐	nicht so gut ☐	schlecht ☐
2. Herr Evertz wäscht sich	alleine ☐	braucht beim Waschen Hilfe ☐		
3. Herr Evertz braucht Hilfe	beim Anziehen ☐	beim Ausziehen ☐		

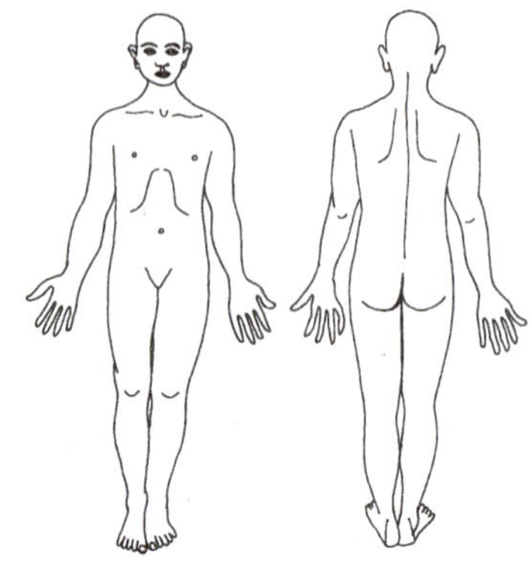

26 **9b Hören Sie noch einmal. Welche Körperteile wäscht Schwester Svetlana? Markieren Sie mit Blau in der Zeichnung.**

27 **10 Hören Sie.**

1. Wo tut es Herrn Evertz weh? Markieren Sie die genaue Stelle in der Zeichnung.
2. Wie ist der Schmerz? ☐ ziehend ☐ stechend ☐ drückend
3. Strahlt der Schmerz aus? ☐ ja ☐ nein

11 Sie sind der Arzt / die Ärztin. Was sagen und fragen Sie?

Rechts oder links? • Strahlen die Schmerzen aus? • Guten Tag, Frau Neuer. Wie geht es Ihnen?
Werden die Schmerzen stärker, wenn ich hier drücke? • Wo genau haben Sie die Schmerzen?
Wie ist der Schmerz denn genau? Pochend oder ziehend?
Seit wann haben Sie die Bauchschmerzen an dieser Stelle?

Ärztin: ______________________________ (1)

Patientin: Frau Doktor, ich habe schreckliche Bauchschmerzen.

Ärztin: ______________________________ (2)

Patientin: In der Mitte, am Bauchnabel

Ärztin: ______________________________ (3)

Patientin: Um den Bauchnabel herum.

Ärztin: ______________________________ (4)

Patientin: Ja, aua, das tut weh.

Ärztin: ______________________________ (5)

Patientin: Seit gestern Nacht.

Ärztin: ______________________________ (6)

Patientin: Ziehend, und mein Bauch ist heiß.

Ärztin: ______________________________ (7)

Patientin: Nein, sie strahlen nicht aus.

Ärztin: Gut, dann taste ich Ihren Bauch jetzt ab. Legen Sie sich bitte auf den Rücken. Danach machen wir eine Ultraschalluntersuchung.

12a Lesen Sie den Schmerzfragebogen von Herrn Krüger. Arbeiten Sie mit dem Wörterbuch.

	stark	schwach	keine		stark	schwach	keine
drückend	☒	☐	☐	pochend	☐	☒	☐
stechend	☐	☐	☒	brennend	☐	☐	☐
ziehend	☐	☐	☐	dumpf	☒	☐	☐
ausstrahlend	☐	☐	☒	heiß	☐	☐	☐

12b Wie heißt das in Ihrer Sprache?

drückend	____________	pochend	____________
stechend	____________	brennend	____________
ziehend	____________	dumpf	____________
ausstrahlend	____________	heiß	____________

13 Sie untersuchen. Fragen Sie nach. Die Wörter im Kasten helfen.

Ihr Bauch tut weh? • Ich sehe mir Ihren Rücken jetzt an. • Ich taste Ihren Bauch jetzt ab. An welcher Stelle tut er weh? • Zieht der Schmerz in die Augen und Ohren? • Ihr Kopf tut weh? Wie lange tut der Bauch schon weh? • An den Schultern? • Wie lange tut der Rücken schon weh? Ist der Schmerz stechend oder drückend um den Bauchnabel? • Die Schmerzen sind am Rücken? Sind die Schmerzen eher an der Stirn oder im Hinterkopf? • Seit wann haben Sie Kopfschmerzen? Vielleicht machen wir eine MRT. • Sind die Schmerzen ziehend oder stechend?

Der Patient sagt: „Mein Arm tut weh." Sie fragen nach:

1. wiederholen: *Ihr Arm tut weh?*
2. lokalisieren: *Wo genau tut er weh?*
3. Dauer: *Seit wann tut er Ihnen weh?*
4. Art: *Wie ist der Schmerz denn?*
5. informieren: *Dann untersuche ich Sie jetzt.*

Die Patientin sagt: „Mein Bauch tut weh."

Sie fragen nach: 1. ______

2. ______

3. ______

4. ______

5. ______

Der Patient sagt: „Ich habe Kopfschmerzen."

Sie fragen nach: 1. ______

2. ______

3. ______

4. ______

5. ______

Der Patient sagt: „Ich habe Rückenschmerzen."

Sie fragen nach: 1. ______

2. ______

3. ______

4. ______

5. ______

Aussprache und Rechtschreibung

14a Schreiben Sie den Artikel und den Plural.

der Arm – *die Arme*	______ Hand – ______	______ Finger – ______
______ Bein – ______	______ Fuß – ______	______ Zeh – ______
______ Auge – ______	______ Ohr – ______	______ Zahn – ______

14b Hören Sie. Sprechen Sie mit und überprüfen Sie Ihre Lösungen in Aufgabe 14a. 28

29

15a Beschwerden. Hören Sie und ergänzen Sie die fehlenden Wörter.

Hals__________	starke Hals__________	Der Patient hat starke Hals__________.
______schmerztablette	eine ______schmerztablette	Ich gebe Ihnen eine ______schmerztablette.
Unterarm__________	eine Unterarm__________	Sie haben eine Unterarm__________.
gebrochen	ist gebrochen	Ihr Ober__________ ist gebrochen.
Lungen__________	eine Lungen__________	Sie haben eine Lungen__________.

29

15b Hören Sie noch einmal und sprechen Sie mit.

Grammatik

16 Warum? Maßnahme und Zweck. Erklären Sie dem Patienten die Maßnahme.

Maßnahme	**Warum? → Zweck/Ziel = Prophylaxe**
1. Ich gebe Ihnen eine Kopfschmerztablette,	das Kopfweh – damit – weggeht
2. Ich überweise Sie zur Physiotherapie,	damit – den Rücken – trainieren – Sie
3. Ich verschreibe Ihnen einen Rollator,	Sie – nicht stürzen – damit
4. Setzen Sie sich beim Essen aufrecht hin,	nicht verschlucken – damit – Sie sich
5. Die Schwester lagert Sie um und cremt Sie ein,	kein Druckgeschwür – damit – Sie – bekommen
6. Trinken Sie mehr, essen Sie Vollkornbrot,	damit – keine Verstopfung – bekommen – Sie
7. Sie gehen zwei Wochen in die Reha,	sich erholen – damit – Sie

1. damit das Kopfweh weggeht.
2. ____________________
3. ____________________
4. ____________________
5. ____________________
6. ____________________
7. ____________________

17 Was passt? Ordnen Sie zu.

1 ___ Legen Sie sich bitte hin, damit ich
2 ___ Nehmen Sie den Rollator, damit Sie
3 ___ Helfen Sie Herrn Evertz ans Waschbecken, damit er
4 ___ Sie bekommen eine Schlaftablette, damit Sie

A sich alleine waschen kann.
B gut schlafen.
C nicht stürzen.
D Sie untersuchen kann.

18 Ergänzen Sie die Possessivartikel.

1. Frau Krüger hat Beschwerden in __________ Armen. Sie kann __________ Arme nicht heben.
2. Bringen Sie Frau Krüger in die Physio. __________ linker Ellbogen tut weh.
3. Herr Esser hat eine Oberschenkelfraktur. __________ Bein ist gebrochen.
4. Herr Evertz hat Schmerzen an __________ rechten Ferse. __________ rechte Ferse ist entzündet.
5. Herr Evertz hat Fieber. Messen Sie __________ Temperatur.
6. Frau Rademacher darf heute nach Hause. __________ Tochter und __________ Mann holen sie ab.

19 Ergänzen Sie die Possessivartikel.

1. Frau Rademacher, heben Sie bitte
________ Schulter,
________ Fuß,
________ linkes Bein,
________ Arme.

2. Herr Krüger, öffnen und schließen Sie bitte
________ Augen,
________ Hände,
________ Hand,
________ Mund,
________ rechtes Auge.

3. Frau Klein, wie geht es
________ Ellbogen,
________ Nase,
________ Hand,
________ Händen,
________ Wade?

4. Lena, heb bitte
________ linke Schulter,
________ Füße,
________ Bein,
________ Kopf.

5. Lena, wie geht es
________ Ohren,
________ Fuß,
________ Bein,
________ Schulter,
________ Ferse?

6. Lena, zeig mir
________ Fuß,
________ Verletzung an der Hand,
________ Zunge,
________ Knie,
________ Zehen.

20 Ergänzen Sie die Personalpronomen.

1. Frau Krüger hat Probleme beim Aufstehen. Helfen Sie ________ bitte beim Aufstehen.
2. Bringen Sie Frau Krüger in die Physio. Bringen Sie ________ bitte einen Rollstuhl.
3. Der Mann und der Sohn von Frau Krüger kommen gleich. Sagen Sie ________ bitte, wo Frau Krüger ist.
4. Herr Evertz hat Schmerzen. Geben Sie ________ bitte eine Schmerztablette.
5. Bringen Sie ________ bitte das Untersuchungsergebnis von Herrn Evertz. Legen Sie ________ auf meinen Tisch.
6. Frau Rademacher muss in die Reha. Erklären Sie ________ diese Maßnahme bitte.
7. Der Verband von Frau Puschmann muss erneuert werden, wechseln Sie ________ bitte.
8. Wo ist Frau Klein? Schicken Sie ________ zu mir.

21 Ergänzen Sie die Possessivartikel und die Personalpronomen.

1. An welcher Stelle tut ________ der Bauch weh? Zeigen Sie ________ mir bitte.
2. Der Schmerz in ________ Brust, ist ________ stechend oder ziehend?
3. Sind die Geräusche in ________ Ohren stark? Seit wann haben Sie ________?
4. ________ Nacken ist verkrampft. Ich massiere ________ jetzt.
5. ________ Nase ist gebrochen. Ich muss ________ richten.

1 Das Frühstück: Schreiben Sie den Singular und den Plural der Wörter.

das Geschirr:

____

das Besteck:

____

das Getränk, -e:

____

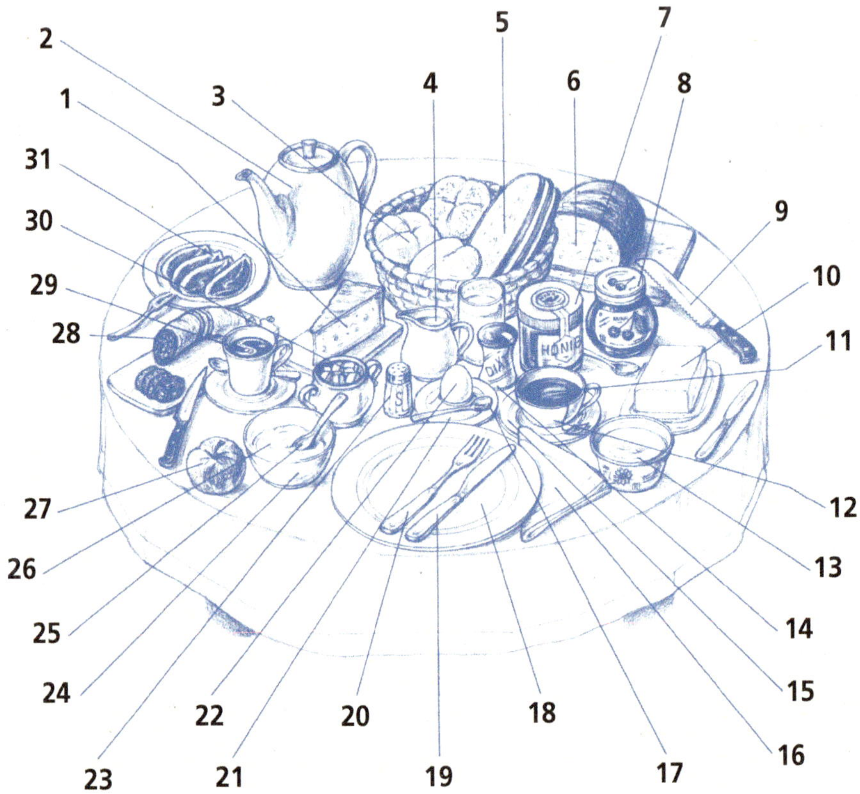

das Nahrungsmittel, –:

____

die Hygiene:

____

2 Ordnen Sie die Grundnahrungsmittel.

Apfel • Käse • Brötchen • Quark • Banane • Knäckebrot • Orange • Toast • Salat • Kiwi
Nudeln • Buttermilch • Reis • Joghurt • Croissant • Kartoffeln • Butter • Kuchen • Fleisch
Mehl • Schinken • Kondensmilch • Wurst • Sahne • Braten • Kefir • Fisch • Zwiebel

Obst und Gemüse	Milchprodukte	Getreide und Backwaren	Tierische Lebensmittel

3 Was passst nicht?

1. Honig	Serviette	Marmelade	Konfitüre
2. Kaffee	Tee	Müslischale	Milch
3. Kaffeetasse	Kaffeekanne	Milchkännchen	Margarine
4. Löffel	Brötchen	Messer	Gabel
5. Tasse	Teller	Brot	Untertasse
6. Eierbecher	Ei	Salzstreuer	Süßstoff

4 Hören Sie drei Dialoge. Was ist richtig? Kreuzen Sie an.

30–32

1. Frau Sarlimaz muss jetzt frühstücken. ☐
2. Frau Sarlimaz muss eine Gastroskopie machen lassen. ☐
3. Frau Sarlimaz muss später in der Teeküche essen. ☐
4. Herr Evertz darf nicht aufstehen. ☐
5. Herr Evertz möchte Tee trinken. ☐
6. Frau Krüger sitzt nicht gut. ☐
8. Frau Krüger möchte Zucker im Kaffee. ☐

5 Fragen beim Frühstück: Möchten Sie ...? Was ...? Soll ich ...?

1. Frühstück? → *Möchten Sie Frühstück?*
2. das Frühstück reichen? → ______
3. zum Frühstück trinken? → ______
4. beim Frühstücken helfen? → ______
5. das Kopfteil höher stellen? → ______
6. Marmelade oder Honig? → ______
7. Schinken oder Käse auf das Brot tun? → ______
8. Kaffee oder Tee trinken? → ______

6a Ein Patientengespräch. Hören und ergänzen Sie.

33

Herr Evertz hat ______ (1). Das heißt, er ist ______ (2). Er muss eine ______ (3) einhalten. Er bekommt einen Termin bei der ______ (4).

6b Diagnose: Zuckerkrank. Was sagen Sie zur Patientin / zum Patienten?

> Ich verstehe, dass Sie sich Sorgen machen. • Sie sind zuckerkrank. • Sie schaffen das.
> Sie bekommen eine Ernährungsberatung.
> Sie bekommen eine Patientenschulung, da lernen Sie das.

1. Diabetes? Was ist das? ______
2. Wie weiß ich, was ich essen darf? ______
3. Ist das Kochen sehr kompliziert? ______
4. Ich mache mir große Sorgen. ______
5. Schaffe ich das alleine? ______

6c Ein Gespräch mit einer Angehörigen. Ergänzen Sie.

Tochter des Patienten: Was fehlt meinem Vater?

Dr. Kanzanski: ______________________________ (1)

Tochter des Patienten: Diabetes? Was ist das?

Dr. Kazanski: ______________________________ (2)

Tochter des Patienten: Zuckerkrank? Darf er jetzt keinen Kuchen und kein Eis mehr essen?

Dr. Kazanski: ______________________________

______________________________ (3)

Tochter des Patienten: Er bekommt einen Termin bei einer Ernährungsberatung? Was ist das?

Dr. Kazanski: ______________________________ (4)

Tochter des Patienten: Eine Diabetesdiät machen? Kann er das in seinem Alter noch lernen?

Dr. Kazanski: ______________________________ (5)

Tochter des Patienten: Aha, eine Patientenschulung. Vielen Dank, Frau Doktor, dass Sie uns helfen.

7 Herr Evertz fragt, Sie erklären. Ordnen Sie zu.

1 ___ Was ist eine Diabetesdiät?

2 ___ Was ist eine Patientenschulung?

3 ___ Was ist Ernährungsberatung?

A Diabetiker müssen lernen, mit ihrer Erkrankung zu leben: Sie bekommen Information, Anleitung und Beratung.

B Diabetiker müssen sich speziell ernähren. Hier lernen sie alles über das richtige Essen bei Diabetes.

C Das ist eine spezielle Ernährung bei Diabetes.

8 Kostformen und Diäten. Welche Kost bei welcher Diagnose bzw. Verordnung?

Diabetesdiät • Reduktionskost • pürierte Kost • hochkalorische Kost • Aufbaukost • Vollkost

1. fettfreie Diät → Aufbaukost
2. Untergewicht → ______________________________
3. gesunder Darm → ______________________________
4. Übergewicht → ______________________________
5. hoher Blutzucker → ______________________________
6. keine Zähne → ______________________________

9 Diagnose und Kost-Verordnung. Erklären Sie Ihrem Kollegen die Verordnung wie im Beispiel.

1. Frau Klein / Untergewicht → hochkalorische Kost
2. Frau Sarlimaz / Übergewicht → kalorienreduzierte Kost
3. Herr Evertz / Diabetes → Diabetesdiät
4. Frau Erdogan / keine tierischen Produkte essen → vegane Kost
5. Frau Krüger / kein Fleisch essen → vegetarische Kost
6. Frau Frei / keine Zähne → pürierte Nahrung
7. Frau Schmitt / Demenz → hochkalorische Zusatztrinknahrung
8. Frau List / Normalgewicht, normale Cholesterinwerte → Vollkost

1. Frau Klein hat Untergewicht. Sie bekommt hochkalorische Kost.
2. ______
3. ______
4. ______
5. ______
6. ______
7. ______
8. ______

10 Was tun? Korrigieren Sie die Sätze.

1. Bei Übergewicht muss man ~~Insulin verabreicht bekommen~~ und eine Diabetesdiät machen.
   Bei Übergewicht muss man abnehmen.
2. Bei Untergewicht muss man abnehmen.
   ______
3. Bei Diabetes muss man den Darm schonen und Schonkost essen.
   ______
4. Bei Darmproblemen muss man zunehmen.
   ______

11 Terminvereinbarung. Hören Sie: Was sagt Schwester Susanne? 34

Ernährungsberaterin: Ernährungsberatung, Flaß.
Sr. Susanne: Station 15, Schwester Susanne, Guten Tag.
Ernährungsberaterin: Guten Tag, Schwester Susanne.
Sr. Susanne: Ich ______ (1) für eine Ernährungsberatung für Herrn Evertz.
Ernährungsberaterin: Da habe ich am Mittwoch, den 12. einen Termin um 10 Uhr.
Sr. Susanne: ______ (2) . Gut.
Ernährungsberaterin: Wie heißt der Patient?
Sr. Susanne: Herr Evertz.
Ernährungsberaterin: Evertz, gut. Auf Wiederhören!
Sr. Susanne: Vielen Dank und auf Wiederhören.

12 Sie rufen in der Physiotherapie an. Schreiben Sie einen Dialog.

Situation: Sie arbeiten auf Station 36. Frau Dr. Kazanski ordnet an: „Machen Sie bitte einen Termin bei der Physiotherapie. Frau Krüger hat starke Rückenschmerzen und braucht Krankengymnastik."

Physiotherapie: Physiotherapie, Erler, Guten Tag?
Sie: ______ (1)
Physiotherapie: Da habe ich einen Termin am Donnerstag, den 24. um 8.30 Uhr.
Sie: ______ (2)
Physiotherapie: Richtig. – Wie heißt die Patientin?
Sie: ______ (3)
Physiotherapie: Gut, Danke. Das habe ich notiert. Auf Wiederhören.
Sie: ______ (4)

13 Am Telefon: Haben Sie die Termine richtig verstanden? Wiederholen Sie.

Reha-Sport, Freitag, 3.3. um 12.30 Uhr → Reha-Sport am Freitag, dem dritten Dritten um halb eins.

Termin Dr. Kazanski, Montag, 22.12. um 16.30 Uhr → ______________________________ (1)

Ernährungsberatung, Mittwoch, 14.1. um 10.15 Uhr → ______________________________ (2)

OP-Termin, Freitag, 31.7. um 7.45 Uhr → ______________________________ (3)

14 Termine: Sie haben nicht verstanden. Fragen Sie nach.

1. Frau Krüger hat heute um 8.30 Uhr ihren Termin für die Krankengymnastik.
   Entschuldigung, um wie viel Uhr / wann hat sie den Termin?
2. Herr Evertz soll am 14. kein Frühstück bekommen, er wird operiert.
   ______________________________?
3. Der Termin für Herrn Klein ist falsch: Er soll nicht am Montag, sondern am Mittwoch zum Röntgen.
   ______________________________?

15 Essensbestellung am Computer. Hören und ergänzen Sie.

35

Sr. Susanne: Ich zeige dir jetzt die Essensbestellung. Hier auf dem Bildschirm siehst du links die __________ (1) der Patienten und rechts die Kostformen. Jetzt bestellen wir das Essen für Frau Erdogan, du gehst mit der Maus in die Zeile mit ihrem Namen und klickst rechts die __________ (2) an. Für Frau Erdogan ist das die schweinefleischfreie Kost, denn sie ist Muslimin und isst kein ____________________ (3). Herr Frei bekommt Vollkost, er darf __________ (4) essen. Frau Schmitt bekommt leichte Vollkost, da sie __________probleme (5) hat. Frau Meier bekommt Diabetes________ (6). Herr Klein bekommt __________kost (7). Frau List isst kein __________ (8), deshalb bekommt sie vegetarische Kost. Jetzt kannst du die Bestellung __________ (9). Sie geht an die __________ (10) und später kommt die Verpflegungsassistentin. Sie fragt die Patienten nach ihren genauen Wünschen.

16a Die Essensbestellung am Computer. Ordnen Sie.

________ das Programm schließen und den Computer runterfahren
________ den Button „an die Küche abschicken" anklicken und die Bestellung abschicken
________ mit der Maus in die Zeile mit dem Namen des Patienten gehen
________ rechts die Kost anklicken und die Mahlzeit eintragen
________ das Programm schließen
________ den Bildschirm ausschalten
________ Computer hochfahren und den Bildschirm anschalten
________ das Programm für die Essensbestellung starten

16b Erklären Sie Ihrer Kollegin die Essensbestellung am Computer:

Du musst den Computer hochfahren und den Bildschirm anschalten. Dann musst du ______

______

______

______

______

______

17 Welche Kost ist das?

1. Kost, die püriert ist, nennt man pürierte Kost.
2. Kost ohne Schweinefleisch nennt man ______.
3. Kost mit einem hohen Kaloriengehalt nennt man ______.
4. Kost ohne Zucker nennt man ______.
5. Kost, die kalorienreduziert ist, nennt man ______.
6. Normale Kost mit vollem Kaloriengehalt nennt man ______.

Aussprache und Rechtschreibung

18a Hören Sie und ergänzen Sie die fehlenden Wörter.

36

bleiben	______ bleiben	Sie müssen heute ______ bleiben.
______ ______	Frau Krüger ______ ______	
Kannst du bitte Frau Krüger ______ ______?		
______	bekommen ______	Sie bekommen ______.
zu ______	sind zu ______	Ihre Blutzuckerwerte sind zu ______.
______	hohen ______	Frau Herrmann hat hohen ______.
______	ist ______	Ihr Puls ist ______.

18b Hören Sie noch einmal, sprechen Sie mit und überprüfen Sie Ihre Lösungen in Aufgabe 18a.

36

19 Wie schreibt man die Wörter richtig?

lsPu	_ _ _ _	tesDiabe	_ _ _ _ _ _ _ _
uckBlutzer	_ _ _ _ _ _ _ _ _ _	druBlutck	_ _ _ _ _ _ _ _ _

20 Lesen und sprechen Sie.

Kost	schweinefleischfreie Kost	Er bekommt schweinefleischfreie Kost.
ballaststoffreich	ballaststoffreiche Kost	Sie bekommt ballaststoffreiche Kost.
zuckerfrei	zuckerfreie Kost	Sie bekommen zuckerfreie Kost.
vegetarisch	vegetarische Kost	Sie bekommt vegetarische Kost.
Diät	Diabetesdiät	Er bekommt Diabetesdiät.

21a Essen. Ergänzen Sie die Doppelkonsonanten.

Neben dem Te_____er liegen Me_____er, Gabel und Lö_____el. Die Servie_____e liegt rechts.

Ich trinke Ka_____ee und T_____ aus einer Ta_____e und Wa_____er aus einem Glas.

21b Frühstück: Ergänzen Sie *ä / ö / ü / üh*

Zum Fr_____stück esse ich ein Br_____tchen mit Konfit_____re und ein M_____sli mit S_____ßstoff.

Grammatik

22 Modalverben und Negation. Darf der Patient das tun oder nicht?

	Situation:	**Das sagt Dr. Kazanski:**
1	Frau Maurer hat Fieber.	im Bett bleiben: **ja** / aufstehen: **nein**
2	Herr Göllner hat Übergewicht.	Butter essen: **nein** / fettarm essen: **ja**
3	Frau Sarlimaz wird heute operiert.	frühstücken: **nein** / nüchtern bleiben: **ja**
4	Herr Evertz hat Diabetes.	viel Zucker essen: **nein** / Diabetesdiät machen: **ja**
5	Frau Klein hat eine Hals-Operation.	duschen: **ja** / baden: **nein**
6	Frau Sarlimaz darf heute nach Hause.	aufstehen: **ja** / Sport machen: **nein**
7	Frau Möller hat Knieprobleme.	Schmerzmittel bekommen: **nein** / in die Reha gehen: **ja**

Was sagt das Pflegepersonal dem Patienten / der Patientin?

1. *Frau Maurer, Sie müssen im Bett bleiben. Sie dürfen nicht aufstehen.*
2. ______________________________
3. ______________________________
4. ______________________________
5. ______________________________
6. ______________________________
7. ______________________________

23 Informieren Sie Ihre Kollegen: Ergänzen die Modalverben. Manchmal gibt es zwei Lösungen.

1. Frau Sarlimaz wird heute operiert. Sie __________ nüchtern bleiben. Sie __________ nichts essen.
2. Frau Krüger ist sehr schwach. Sie __________ nicht aufstehen. Sie __________ im Bett frühstücken. Sie __________ nicht alleine essen. Man __________ ihr beim Frühstück helfen.
3. Herr Evertz hat Übergewicht. Er __________ keine Butter essen.
4. Herr Evertz hat Bluthochdruck. Er __________ keinen Kaffee trinken.
5. Freu Meier darf heute nach Hause. Sie __________ aufstehen und __________ am Tisch frühstücken. Sie __________ alles essen. Sie __________ ein Ei zum Frühstück.
6. Achim, __________ du mir helfen, Herrn Evertz in den Rollstuhl zu setzen? Das __________ ich nicht alleine.
7. Frau Puschmann __________ frühstücken, aber das __________ sie nicht, sie wird heute operiert.
8. Herr Klein, was __________ ich Ihnen zu trinken geben? __________ ich den Tisch näher ans Bett schieben?

1 Messen. Was passt nicht? Streichen Sie durch.

1. Messgeräte:	Stethoskop	Thermometer	Röntgenapparat	Pulsuhr	Waage
2. Blutdruck:	Systole zu Diastole	zu niedrig/hoch	RR	130/70	38^9
3. Temperatur:	Fieber	zu niedrig/hoch	erhöht	65	40^5
4. Blutzucker:	Blutzucker-Messgerät	Blutdruckgerät	Zuckerwert	BZ	100

2 Lesen Sie die Werte und teilen Sie sie der Patientin / dem Patienten mit. Schreiben Sie die Werte wie im Beispiel.

Frau Krüger:	Blutdruck: 125/90 Puls: 88 Temperatur: 38^5	*Frau Krüger, Ihr Blutdruck ist einhundertfünfundzwanzig zu neunzig. Ihr Puls ist achtundachtzig und Sie haben achtunddreißig fünf Temperatur.*
Herr Evertz:	Blutdruck: 148/89 Puls: 94 Temperatur: 37^4	
Frau Klein:	Blutdruck: 139/102 Puls: 72 Temperatur: 38^0	
Frau Sarlimaz:	Blutdruck: 112/66 Puls: 59 Temperatur: 36^9	
Frau Walter:	Blutdruck: 157/100 Puls: 73 Temperatur: 37^8	

3 Wie heißen die Verben oder Nomen?

Nomen	**Verben**
das Messen, die Messung	*messen*
	informieren
	verdauen
die Kontrolle	
	dokumentieren
(Puls)schlag, der Schlag	pulsieren
das Blut	

4 Welche Zahl ist richtig? Kreuzen Sie an.

168/123
- ☐ einhundertsechsundachtzig zu einhundertzweiunddreißig
- ☐ einhundertachtundsechzig zu einhundertdreiundzwanzig

134/98
- ☐ einhundertvierunddreißig zu achtundneunzig
- ☐ einhundertdreiundvierzig zu neunundachtzig

79
- ☐ neunundsiebzig
- ☐ siebenundneunzig

56
- ☐ fünfundsechzig
- ☐ sechsundfünfzig

5 Schreiben Sie die Werte.

89 ______________________ 98 ______________________

457 ______________________ 475 ______________________

7467 ______________________ 4674 ______________________

6 Krankenpfleger – Patientin: Sie brauchen die Werte (Temperatur, Puls, Blutdruck, Blutzucker). Ergänzen Sie den Dialog im Krankenzimmer.

Krankenpfleger: ______________________

______________________ (1)

(über die Messungen informieren / zuerst die Temperatur messen)

Patientin Frau Meier: Habe ich Fieber?

Krankenpfleger: ______________________ (2)

(die Patientin hat 36^9 / informieren, dass die Temperatur in Ordnung ist)

Krankenpfleger: ______________________

______________________ (3)

(den Puls und den Blutzucker messen / Puls ist 89, Blutzucker 112 / beide Werte sind normal)

Krankenpfleger: ______________________

______________________ (4)

(den Blutdruck messen / Blutdruck ist 162/123 / der Blutdruck ist zu hoch)

Krankenpfleger: ______________________ (5)

(fragen, wie die Patientin sich fühlt)

Frau Meier: Nicht so gut. Mir ist schwindelig und ich habe Kopfweh.

Krankenpfleger: ______________________ (6)

(fragen, ob die Patientin Verdauung hatte)

Frau Meier: Nein, ich war heute noch nicht auf der Toilette.

Krankenpfleger: ______________________ (7)

informieren, dass der Arzt gleich kommt und dass Sie den Arzt informieren

7 Erklären Sie dem Patienten / der Patientin die Fachbegriffe:

1. Hypertonie: *Herr Klein, Sie haben eine Hypertonie, Ihr Blutdruck ist zu hoch.*
2. Hypotonie: ______________________
3. Tachykardie: ______________________
4. Bradykardie: ______________________
5. Hyperglykämie: ______________________
6. Hypoglykämie: ______________________
7. arrhythmischer Puls: ______________________

8a Kurvendokumentation. Hören Sie das Gespräch und tragen Sie die Werte von Frau Herrmann am 14.11. in das Formular ein. 37

Name: *Herrmann, Inge 20.08.1951*	Datum:	*14. 11.*	*15. 11.*	*16. 11.*	*17. 11.*	*18. 11.*	*19. 11.*	*20. 11.*
	Kost:							
Einweisender Arzt:	P / T							
Diagnose:								

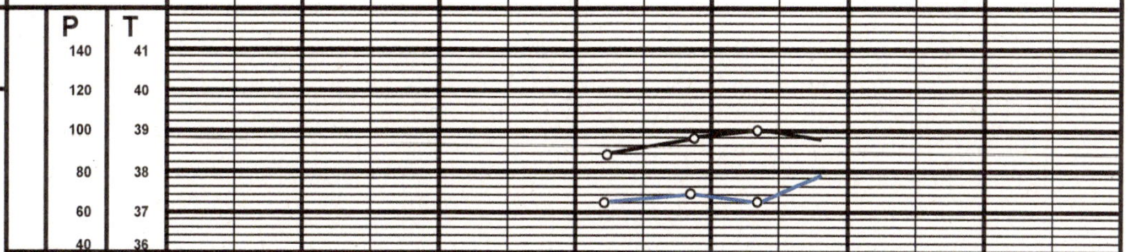

		14.11.	15.11.	16.11.	17.11.	18.11.	19.11.	20.11.
	RR				*177/102*	*190/113*		
	Gewicht:							
	Größe:							
	Stuhl:				*Ø*	*/*		
	BZ mg/dl				*112*	*120*		
	Magensonde							
	Urin/Bl.-Kath							
	Sekret (Drain. usw.)							
Blutgruppe:	Ausfuhr:							
	Einfuhr:							
Besonderheiten:								

8b Lesen Sie die Werte und tragen Sie sie in die Kurvendokumentation oben ein.

15.11. morgens:	*37^2*	*92*	*160/90*	*BZ 101*	**abends:**	*38^4*	*86*	*Ø*
16.11. morgens:	*36^9*	*79*	*153/84*	*BZ 123*	**mittags:**	*37^6*	*81*	*/*

8c Welche Werte hatte Frau Herrmann am 17.11.? Lesen Sie die Kurvendokumentation und beantworten Sie die Fragen.

1. Wie war ihr Blutdruck am 17.11.? ______________________
2. Wie war ihre Temperatur morgens und mittags, bzw. abends? ______________________
3. Wie waren ihre Blutzuckerwerte? ______________________
4. Hatte Frau Herrmann Verdauung? ______________________

8d Die Werte von Frau Herrmann am 18.11. Berichten Sie.

Frau Herrmann hat einen Blutdruck von ______________________ *. Ihr Puls*

____

9 Patient Herr Evertz. Berichten Sie Ihren Kollegen nach Ihren Notizen.

Evertz, Gustav
Größe 178
Gewicht 120
RR 179/102
P 79 – unregelmäßig
morgens T: 36^8
mittags 38
BZ 129

____
____
____
____
____
____

10a Bauchorgane. Ergänzen Sie die deutschen Begriffe.

die Leber • das Zwerchfell • die Niere • die Harnblase • die Speiseröhre • der Wurmfortsatz
der Mastdarm • der Magen • der Blinddarm • die Gallenblase • das Nierenbecken
der Dünndarm • die Bauchspeicheldrüse • der Dickdarm • die Milz • der Zwölffingerdarm

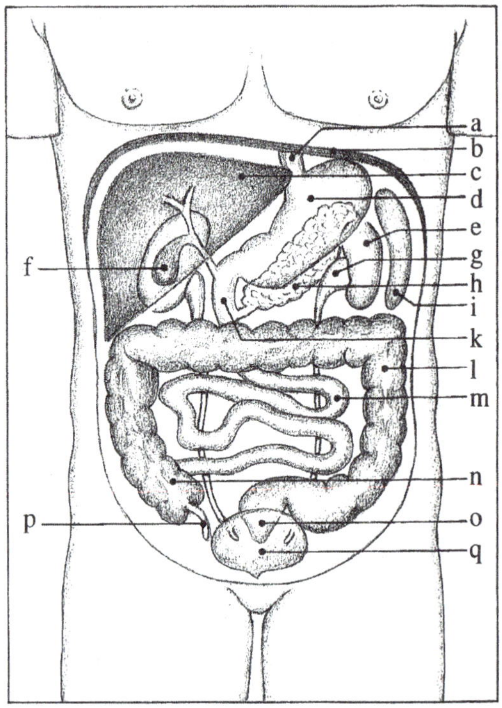

10b Dr. Kazanski verordnet: Was sagt sie zur Patientin / zum Patienten?

1. Frau Krüger: Untersuchung des Ösophagus.	Wir wollen Ihre S_p_e_i_s_e_r_ö_h_r_e untersuchen.
2. Frau Herrmann: Untersuchung der Pankreas.	Wir wollen Ihre B __ __ __ __ __ __ __ __ __ __ __ __ __ __ __ __ e untersuchen.
3. Herr Evertz: Untersuchung des Colon	Wir wollen Ihren __ __ __ __ d __ __ __ untersuchen.
4. Frau Klein: Untersuchung des Caecum	Wir wollen Ihren B __ __ __ __ __ __ __ __ untersuchen.
5. Herr Meier: Untersuchung des Hepar	Wir wollen Ihre L __ __ __ __ untersuchen.
6. Frau Edogan: Untersuchung der Vesica urinaria	Wir wollen Ihre __ __ __ __ __ __ __ __ e untersuchen.

11 Ordnen Sie die Buchstaben zu Wörtern.

1. phraDiagma das Diaphragma = das Zwerchfell
2. Ventusricul ________________ = der Magen
3. nRe ________________ = die Niere
4. Pleony ________________ = das Nierenbecken
5. nSlep ________________ = die Milz

Aussprache und Rechtschreibung

12 Hören Sie. Ergänzen Sie die fehlenden Zahlen.

38

52 ___ ___ ___ ___ ___ ___ ___ ___ ___ ___ ___ ___ Ihr Puls ist ________

36,8 ___ ___ ___ ___ ___ ___ ___ ___ ___ ___ ___ Sie haben ________ Temperatur.

120/80 ________ ________ ________ ________ ________ Ihr Blutdruck ist ________

85 ___ ___ ___ ___ ___ ___ ___ ___ ___ Ihr Blutzucker ist ________

13 Was bedeuten die Abkürzungen und das Symbol?

T: ______________________ RR: ______________________

P: ______________________ BZ: ______________________

BZ mg/dl ____

Urin / Bl.-Kath. ____

Stuhl ______________________ Ø ______________________

14 Wie heißen die Messgeräte? Ordnen Sie die Silben und schreiben Sie.

blut blut druck ge ge kop me mess mess mo ohr puls rät rät
Ste ther ter thos uhr zucker

1. B ___ ___ t ___ ___ ___ ___ ___ ___ ___ ___ ___ ___ ___ ___ ___ ___ ___

2. ___ ___ ___ ___ z ___ ___ ___ ___ ___ ___ ___ ___ ___ ___ g ___ ___ ___ t

3. ___ h ___ ___ ___ ___ ___ ___ ___ ___ ___ ___ ___ ___

4. ___ ___ ___ ___ ___ h ___

5. ___ ___ ___ ___ ___ ___ ___ ___ ___ p

15 Die Bauchorgane. Hören und ergänzen Sie.

39

die Bauch____________, die Bauchspeichel____________, der Wurm____________

der Dick____________, der ____________darm, der ____________fingerdarm

das Zwerch____________, die Speise____________, die Gallen____________, der ____________,

die ____________, das ____________becken, die ____________blase

16 Schwierige Wörter. Hören und ergänzen Sie.

40

bleiben ____________ bleiben Sie müssen heute ____________ bleiben.

Essen ____________ Frau Krüger Essen ____________

Kannst du bitte Frau Krüger Essen ____________.

____________ bekommen ____________ Sie bekommen ____________.

zu hoch sind zu hoch Ihre ____________werte sind zu hoch.

____________ hohen ____________ Frau Herrmann hat hohen ____________.

____________ ist ____________ Ihr Puls ist ____________.

Grammatik

17 Position im Satz: Ordnen Sie die Zeit- oder Ortsangabe ein.

Herr Dr. Stahl spricht mit Frau Krüger:

1. Frau Krüger, Sie müssen nüchtern bleiben. → heute
   Frau Krüger, Sie müssen heute nüchtern bleiben.
2. Ich möchte eine Darmspiegelung machen. → gegen 11 Uhr → im OP
   ____
3. Schwester Svetlana holt Sie ab. → hier → um kurz vor 11
   ____
4. Schwester Svetlana bringt Sie. → in den OP
   ____
5. Kommt Ihre Tochter? → heute
   ____
6. Sie können wieder normal essen. → ab dem Mittagessen
   ____
7. Ich bringe den Befund. → in Ihr Zimmer → abends
   ____

18 Dativ- und Akkusativergänzung. Antworten Sie auf die Bitten der Patientin.

1. Können Sie mir noch etwas Marmelade bringen? *Ich bringe sie Ihnen gleich.*
2. Schenken Sie mir bitte noch Kaffee ein? __________
3. Bringen Sie meinem Mann bitte auch eine Tasse? __________
4. Geben Sie meiner Tochter bitte die Blumenvase? __________
5. Schütteln Sie mir bitte das Kopfkissen auf? __________
6. Beziehen Sie mir bitte das Bett neu? __________
7. Kämmen Sie mir bitte die Haare? __________

19 Aufträge: Antworten Sie mit der Dativ- und Akkusativergänzung.

1. Wechseln Sie bitte Herrn Krüger die Thrombosestrümpfe.
   Ich ____________________
2. Verabreichen Sie Frau Krüger das neue Medikament.
   ____
3. Geben Sie bitte Dr. Stahl und Dr. Kazanski die Röntgenbefunde.
   ____
4. Erklären Sie bitte Herrn Evertz den ärztlichen Befund auf Deutsch.
   ____
5. Bringen Sie der Oberärztin die Messwerte von Frau Rademacher.
   ____

41

1 Hören Sie und tragen Sie die fehlenden Informationen ein.

Aufnahmebogen

Station: _ _ 1 3

Name: Wirtz — Vorname: ____

Geburtsdatum: ____ — Geburtsort: ____ — Geburtsname: Wirtz

Postleitzahl: ____ — Wohnort: Wuppertal

Straße: Weidenstraße — Hausnummer: ____

Familienstand*: ____ | Konfession**: ____ | Nationalität: ____ | Geschlecht: M W

Verlegung von Krankenhaus: ____

Einweisender Arzt: Dr. Binder

Beruf: ____ — Arbeitgeber: ____

Name von Angehörigen: Olaf Wirtz — ☎ ____

Frau Bergs — ☎ 02151-5284

* FU = Familienstand ungekannt, LD = ledig, VH = verheiratet, LP = Lebenspartner, VW = verwitwet, GS = geschieden
** rk = Römisch katholisch, ev = evangelisch, an = andere, vd = ohne Konfession

2 Die neue Patientin. Wer? Wen? Was? Wie? Wo? Woher? Wann? Fragen Sie.

1. Name: Wie heißen Sie? — Vorname: Wie ist Ihr Vorname?
2. Geburtsdatum: ____
3. Geburtsort: ____
4. Geburtsname: ____
5. Wohnort: ____
6. Postleitzahl: ____
7. Straße und Hausnummer: ____
8. Familienstand: ____
9. Nationalität: ____
10. Verlegung von Krankenhaus: ____
11. einweisender Arzt: ____
12. Hausarzt: ____
13. Beruf: ____
14. Im Notfall anrufen: ____

3 Wie heißt das Verb zum Nomen, wie heißt das Nomen zum Verb?

Nomen	Verb	Nomen	Verb
die Einweisung	einweisen		wohnen
	verlegen		aufnehmen
	angehören	die Benachrichtigung	

4 Sie haben nicht alle Angaben verstanden. Fragen Sie nach.

○ Ich heiße Wojciech. ● ______________________ (1) ○ Ja, das ist der Vorname.
○ Ich heiße Pietrzykowski. ● ______________________ (2) ○ P I E T R Z Y K O W S K I.
○ Ich wohne in der Marxer-Allee 287. ● ______________________ (3) ○ Marxer-Allee 287.
○ Ich wohne in der Marxer-Allee 287. ● ______________________ (4) ○ 287.
○ Ich wohne in 15557 Berlin. ● ______________________ (5) ○ 15557
○ Meine Handynummer ist 01563 27 76 54. ● ______________________ (6) ○ 01563 27 76 54.

41

5 Hören Sie das Aufnahmegespräch noch einmal. Welche Reihenfolge ist richtig, A, B, oder C? Kreuzen Sie an.

A ☐	B ☐	C ☐
Frage nach:	Frage nach:	Frage nach:
1 Adresse	1 Name	1 Name
2 Geburtsdatum und -ort	2 Adresse	2 Geburtsdatum und -ort
3 Name	3 einweisender Arzt	3 Adresse
4 Benachrichtigung im Notfall	4 Familienstand	4 Familienstand
5 einweisender Arzt	5 Geburtsdatum und -ort	5 einweisende Arzt
6 Familienstand	6 Benachrichtigung im Notfall	6 Benachrichtigung im Notfall

6 Aufnahmebogen: Was passt nicht?

1. Konfession:	evangelisch	moslemisch	jüdisch	vegetarisch	ohne Konfession	
2. Familienstand:	ledig	verheiratet	verpartnert	geschieden	geboren	verwitwet
3. Straße und Hausnummer:	Platanenallee 128	79117 Freiburg				
4. Postleitzahl:	0761 569 233 14	10999	80775	13456		

7 Hilfsmittel. Ordnen Sie die Aussagen den Hilfsmitteln zu und ergänzen Sie.

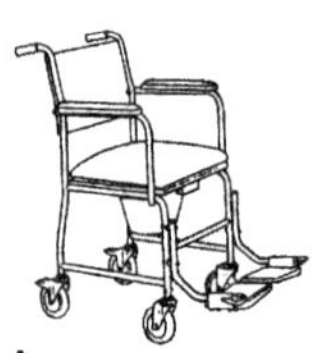
A

B

C

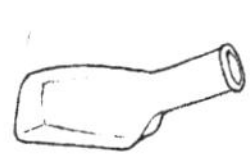
D

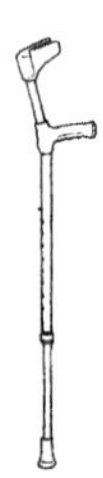
E

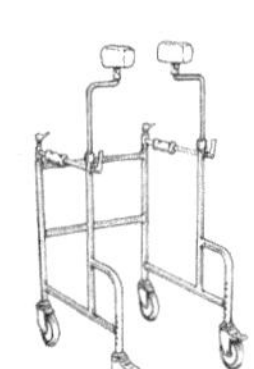
F

G

H

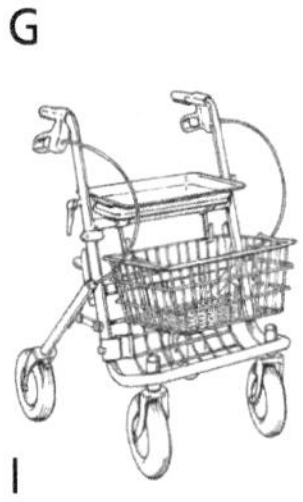
I

1. ____ Die Patientin kann nicht gehen. Sie braucht einen ______________________.
2. ____ Der Patient ist gehbehindert. Er kann selbstständig gehen, aber er braucht Hilfe, er braucht eine ______________, einen ______________ oder einen ______________.
3. ____ Der Patient wurde frisch operiert. Er liegt im Bett. Er darf nicht aufstehen. Für seine Ausscheidungen braucht er noch eine ______________ und ein ______________.
4. ____ Die Patientin kann nicht allein zur Toilette gehen, aber sie kann stehen. Für Ihre Ausscheidungen benutzt sie einen ______________________.
5. ____ Der Patient ist schwerhörig. Er braucht ein ______________.
6. ____ Die Patientin ist sehbehindert. Sie braucht eine ______________.

8 Hören Sie die Texte 1–4. Was hören Sie? Kreuzen Sie an. 42–45

1 BEWEGUNG / MOBILITÄT

☐ keine Probleme ☐ bettlägerig seit: ____________
☐ mit Hilfe gehen ☐ mit Hilfe sitzen
☐ Rigor ☐ Tremor ☐ Kontraktur
☐ Hilfsmittel: ○ Unterarmgehstützen ○ Rollstuhl ○ Gehbock/wagen ○ Arm-/Beinprothese
☐ Mobilität eingeschränkt durch: Parese links / rechts

2 AUFNAHMEZUSTAND

☐ sitzend ☐ bewusstlos ☐ teilweise aggressiv
☐ gehend ☐ ansprechbar ☐ desorientiert
☐ benommen ☐ orientiert ☐ lebt selbstständig

3 AUSSCHEIDEN

☐ selbstständig
☐ mit Hilfe ☐ mit Toilettenstuhl ☐ Urinflasche ☐ Steckbecken
☐ Inkontinenz: ____________ ☐ Harn
☐ Stoma: ____________ ☐ BDK gelegt am: ____________ ☐ Größe: ________ cm
☐ SPF gelegt am: ____________________

4 KOMMUNIKATION

☐ problemlose verbale Kommunikation
☐ Kommunikation gestört durch:
☐ Verständigung (Pat. braucht Dolmetscher)
☐ Patient kann sich nur nonverbal äußern, z.B. durch Schreibtafel
☐ psychisch (kann keinen klaren Gedanken fassen) verwirrt
☐ Aphasie ☐ Sprechstörung (Stottern)
☐ Hörstörung ○ gehörlos ○ schwerhörig (hat Hörgerät)
☐ Sehbehinderung ○ Brille ○ Kontaktlinsen ○ blind
letzter Stuhlgang am: ____________ ☐ Schwitzen ☐ Erbrechen

9 Welche Hilfsmittel braucht ein Patient / eine Patientin? Fragen Sie ihn oder sie.

hören? → ____________________
sehen? → ____________________
gehen? → ____________________
ausscheiden? → ____________________

10 Wie heißt das auf Deutsch? Ordnen Sie zu.

mit Worten • Sprachlosigkeit • Zittern • Lähmung • Versteifung • Beweglichkeit • Muskelstarre
Blasenschwäche • künstlicher Darmausgang • ohne Worte, mit Gesten, Blicken usw.

Aphasie	____________	Parese	____________
Rigor	____________	Inkontinenz	____________
Tremor	____________	Stoma	____________
Kontraktur	____________	verbal	____________
Mobilität	____________	nonverbal	____________

11 Ein Unfall ist passiert. Der Rettungsarzt trifft ein. Ergänzen Sie die Sätze.

bewusstlos • ansprechbar • orientiert • selbstständig • benommen • desorientiert • erregt

1. Ein Verletzter ist ____________________. Der Arzt kann mit ihm sprechen, er reagiert auf Ansprache.
2. Eine Verletzte ist ____________________. Sie ist aufgeregt, nervös, ängstlich, unruhig.
3. Eine Verletzte ist ____________________. Sie weiß, wo sie ist und was passiert ist. Ein Verletzter weiß nicht, wo er ist und was passiert ist, er ist ____________________.
4. Ein Verletzter kann sich selbst helfen. Er ist ____________________.
5. Ein Verletzter ist ____________________. Seine Reaktionen sind langsam.
6. Ein Verletzter ist nicht bei sich, er ist ohnmächtig, er ist ____________________.

46

12 Hören Sie. Über welche Schmerzen klagt die Patientin?

____

13 Was fragt Dr. Stahl? Schreiben Sie.

Dr. Stahl: ____ (1)
Frau Lipus: Ich bin gestürzt.

Dr. Stahl: ____ (2)
Frau Lipus: Nein! Das war das erste Mal.

Dr. Stahl: ____ (3)
Frau Lipus: Im Supermarkt wurde geputzt und ich bin auf dem nassen Boden ausgerutscht.

Dr. Stahl: ____ (4)
Frau Lipus: Ja, ich bin schon mal operiert worden. Mit 12 Jahren, am Blinddarm.

Dr. Stahl: ____ (5)
Frau Lipus: Ja, ich nehme Medikamente ein, aber ich habe den Namen vergessen.

Dr. Stahl: ____ (6)
Frau Lipus: Ja, ich habe sie mitgebracht.

Dr. Stahl: ____ (7)
Frau Lipus: Ja, ich habe noch andere Schmerzen, der Rücken tut mir weh.

47

14 Verordnungen. Hören Sie: Dr. Stahl ruft seinen Oberarzt an. Ordnen Sie zu.

Magenspiegelung • CT • Röntgen-Thorax • Coloscopie • Große Laborroutine • Sonographie
Konsil • 1500 ml • 1500 ml • Schmerztropf 1 • EKG

Dr. Stahl hat folgende Untersuchungen für eine Patientin mit unklarem Abdomenschmerz angeordnet:

1. ____________________ 3. ____________________

2. ____________________ 4. ____________________

Für morgen angemeldet: ____________________ Für übermorgen angemeldet: ____________________

Am Donnerstag macht er vielleicht ein ____________________

Für heute Mittag angemeldet: ein gynäkologisches ____________________

Gegen Schmerzen: ____________________

Die Patientin muss nüchtern bleiben, darum bekommt sie __________ Ringer Lactat und __________ Glucose 5 % als Infusion.

15 Sie sind Arzt/Ärztin und machen die Visite. Sie ordnen an. Was sagen Sie?

Anordnung:	**Sie sagen zum Patienten / zur Patientin:**
Rectoskopie	*Wir machen eine Rectoskopie. Das ist eine Enddarmspiegelung.*
Gastroskopie	
Coloskopie	
CT	
Sonographie	
MRT	
Röntgen – Thorax	*Wir röntgen Ihren Thorax. Thorax heißt*
Schmerztropf	*Sie bekommen einen Schmerztropf. Das ist*
oral	*Sie bekommen ein orales Schmerzmittel. Oral heißt*
Konsil	*Wir berufen ein Konsil ein. Das heißt, wir*

16a Erkrankungen: Ordnen Sie die Erkrankungen zu.

die Ösophagitis • die Colitis • das Ulcus duodeni • die Appendizitis • die Gastritis • die Zystitis
das Ulcus ventriculi • die Cholezystitis • die Nephrolithiasis • die Nephritis • die Pankreatitis
die Ileitis • die Cholelithiasis • die Hepatitis

Entzündungen	**-steinleiden**	**Geschwüre**

16b Wie heißen die Erkrankungen auf Lateinisch?

1. die Gallenblasenentzündung *die Cholezystitis*
2. die Magenschleimhautentzündung
3. die Blinddarmentzündung
4. die Blasenentzündung
5. die Nierenentzündung
6. das Magengeschwür
7. das Nierensteinleiden
8. die Bauchspeicheldrüsenentzündung
9. die Dickdarmentzündung
10. die Dünndarmentzündung
11. das Zwölffingerdarmgeschwür
12. die Leberentzündung
13. die Speiseröhrenentzündung

Aussprache und Rechtschreibung

17 Lesen Sie laut.

die Appendizitis	Sie haben eine Appendizitis.	Das ist eine Blinddarmentzündung.
die Cholelithiasis	Sie haben eine Cholelithiasis.	Das ist ein Gallenblasenleiden.
das Ulcus ventriculi	Sie haben ein Ulcus ventriculi.	Das ist ein Magengeschwür.
das Stoma	Wir legen ein Stoma.	Das ist ein künstlicher Darmausgang.

18 Familienstand: Was heißen die Abkürzungen? Schreiben Sie.

FU *Familienstand unbekannt* ____________ VW ____________

GS ____________ VH ____________

LD ____________ LP ____________

19 Verordnung: Wie sprechen Sie die Abkürzungen aus? Schreiben Sie.

500 ml Ringer Lactat		ml =	____________
Dipidolor® 3,75 mg Kurzinfusion		mg =	____________
Schmerzmedikation i.v.		i.v. =	____________
Diagnostik:	CT	CT =	____________
	MRT	MRT =	____________
Ausscheiden:	BDK	BDK =	____________
	SPF	SPF =	____________

Grammatik

20 Partizip I und Partizip II. Ergänzen Sie Präsens und Perfekt.

Partizip I	**Präsens**	**Perfekt mit Partizip II**
1. Der einweisende Arzt	*Der Arzt, der einweist.*	*Der Arzt hat … eingewiesen.*
2. Der sitzende Verletzte		
3. Der stehende Patient		
4. Der liegende Verletzte		
5. Der diensthabende Arzt		

21 Nachtdienst: Berichten Sie der diensthabenden Ärztin über die Patientin.

Die Patientin:

sich erbrechen *Die Patientin hat sich erbrochen.* (1)

schlecht schlafen *Sie* ____________ (2)

oft aufwachen ____________ (3)

stark schwitzen ____________ (4)

ohne Hilfsmittel aufstehen ____________ (5)

hinfallen ____________ (6)

sich nicht verletzen ____________ (7)

22 Fragen eines Arztes. Ergänzen Sie im Perfekt.

1. Wann ________________ die Schmerzen ________________? (beginnen)
2. Was ________________ Sie zuletzt ________________? (essen)
3. ________________ Sie Alkohol ________________? (trinken)
4. ________________ Sie Drogen ________________? (nehmen)
5. Was ________________ genau ________________? (passieren)
6. ________________ Sie die Medikamente ________________? (vertragen)
7. ________________ Sie ruhiger ________________? (werden)

23 Dr. Stahl ruft seinen Oberarzt an. Ergänzen Sie im Perfekt.

1. Ich ________________ eine 67-jährige Patientin ________________ (aufnehmen).
2. Ich ________________ sie auf die Aufnahmestation ________________ (verlegen) und ________________ folgende Untersuchungen ________________ (anordnen): Große Laborroutine, EKG, Sonographie und einen Röntgen-Thorax.
3. Der Gynäkologe ________________ sie sich noch nicht ________________ (ansehen), aber ich ________________ ein gynäkologisches Konsil für heute Mittag ________________ (anmelden).
4. Ich ________________ ihr den Schmerztropf 1 ________________ (aufschreiben).
5. Sie ________________ bisher 1000 ml Ringer Lactat und 1000 ml Glucose 5 % ________________ (bekommen).

24 *Haben* oder *sein*? Ordnen Sie die Perfektformen zu.

~~verlegen~~ • sterben • spritzen • legen • stürzen • passieren • fallen • helfen • ausscheiden
verordnen • kommen • anmelden • geben • untersuchen • einschlafen • aufwachen • gehen

haben: *hat verlegt,* ________________

____

____

sein: ________________

____

25 Schreiben Sie Sätze mit trennbaren Verben im Perfekt.

1. Dr. Stahl / anmelden / ein neurologisches Konsil / .

____

2. Schwester Svetlana / ansehen / die Verordnung / .

____

3. Patient / eigene Medikamente / mitbringen / .

____

4. Herr Evertz / heute / zum ersten Mal / aufstehen / .

____

5. Frau Krüger / einnehmen / die Medikamente / ?

____

1 der Pulmo = die Lunge: Wie heißen die Teile der Lunge auf Deutsch und Lateinisch?

das Perikard • die Pleura • das Diaphragma die Pleura costalis • die Trachea die Costa (Costae) • die Aorta die Pleura pulmonalis	das Brustfell • das Rippenfell das Lungenfell • die Luftröhre die Hauptschlagader • die Rippen das Zwerchfell • der Herzbeutel

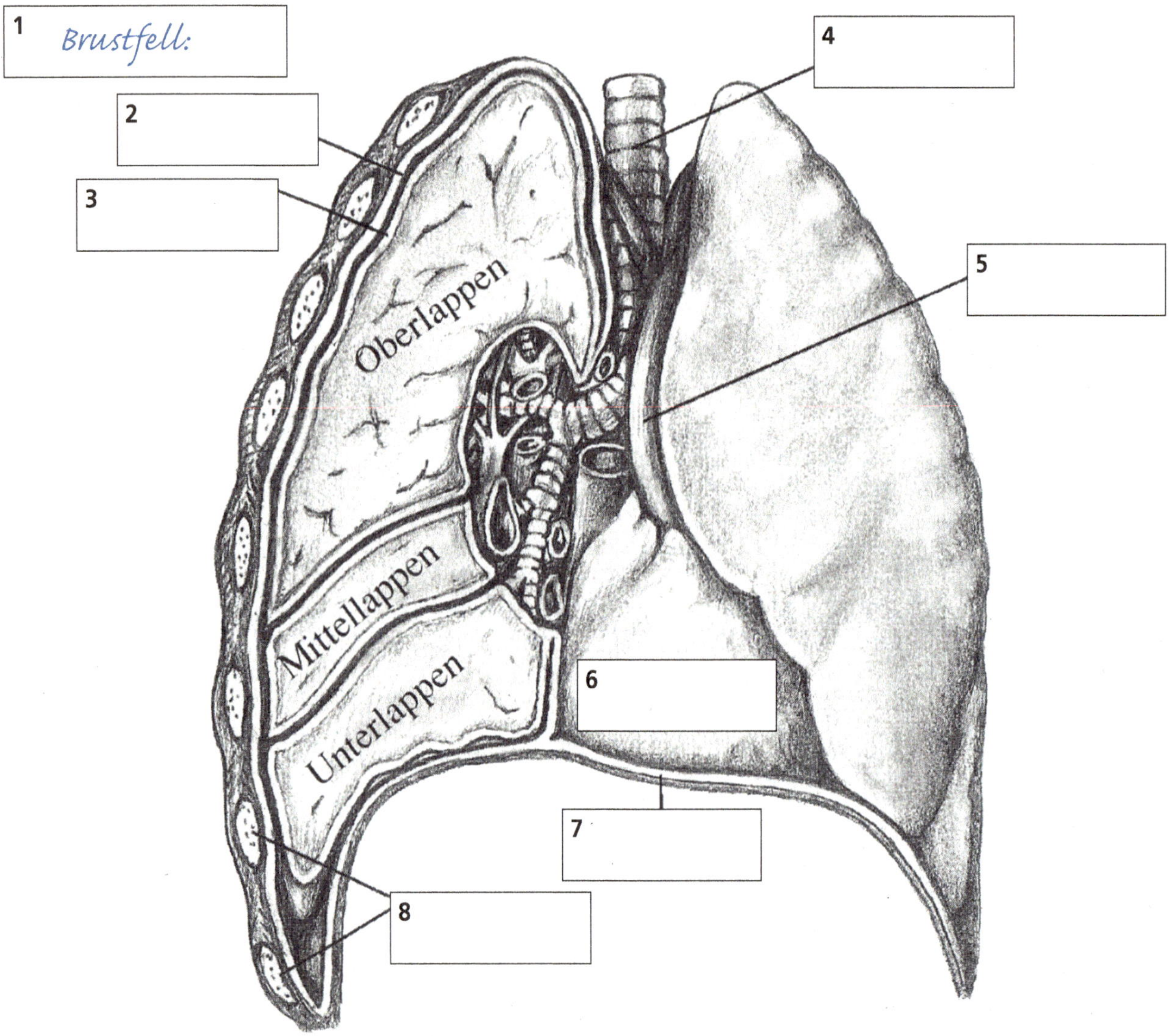

2 Erkrankungen der Atemorgane: Ordnen Sie zu.

1 ___ die Pneumonie	A der Lungenkrebs
2 ___ das Lungenkarzinom	B der Speiseröhrenkrebs
3 ___ die Perikarditis	C die Brustfellentzündung
4 ___ die Bronchitis	D die Entzündung der Bronchien
5 ___ die Tracheitis	E die Lungenentzündung
6 ___ das Ösophaguskarzinom	F die Luftröhrenentzündung
7 ___ die Pleuritis (Pleuritiden)	G die Herzbeutelentzündung

3 Das Narkoseprotokoll. Beantworten Sie die Fragen.

Datum	Zimmer	Blutgruppe	Jahre / cm / kg	geplante Operation:
6.2. . .	*16*	*0 Rh pos. (+)*	*74* Jahre *178* cm *80* kg	*Lungen-OP*

C 2 Schumann, Margot *2.5. . ., Talstr. 56 40217 Düsseldorf AOK Düsseldorf		
Klinische Diagnose: *Bronchial-Ca*		
Klin. Daten:	RR *120/80*	Puls *84*
Hgb g % *13,1*	Hkt *40*	EKG *o. B.*
Unverträglichkeit/Allergie *keine Allergien bekannt*		
Praemedikation: Vorabend: *50 mg Tranxilium p. o.* OP-Tag: *Dormicum 7,5 mg p. o.*		

1. Warum soll Frau Schumann operiert werden? ______________________
2. Wie alt ist Frau Schumann? ______________________
3. Welche Blutgruppe hat sie? ______________________
4. Wie groß ist sie und wie viel wiegt sie? ______________________
5. Wie hoch ist ihr Hämoglobinwert? ______________________
6. Wie hoch ist ihr Hämatokritwert? ______________________
7. Wie hoch ist ihr Blutdruck? ______________________
8. Wie hoch ist ihr Puls? ______________________
9. Was hat das EKG ergeben? ______________________
10. Ist Frau Schumann gegen etwas allergisch? ja ☐ nein ☐
11. Welche Medikamente nimmt sie im Moment ein? ______________________
12. Wie nimmt sie sie ein? Infusion ☐ durch den Mund ☐ Injektion ☐
13. Welche Medikamente bekommt sie vor der Operation? ______________________
14. Wann soll sie operiert werden? ______________________

4 Was bedeuten die Abkürzungen?

Rh. pos. =	______________	cm =	______________
Ca =	______________	kg =	______________
Hgb/Hb =	______________	o.B. =	______________
Hkt =	______________	OP =	______________
p.o. =	______________	mg =	______________

48

5 Hören Sie: Was soll Frau Schumann vor der Operation noch machen? Kreuzen Sie an.

Frau Schumann soll lange warten ☐, sich rasieren ☐, duschen ☐, zur Toilette gehen ☐, die Zahnprothese herausnehmen ☐, Schmuck anziehen ☐, Schmuck ausziehen ☐, den Schmuck der Tochter geben ☐, die Brille aufsetzen ☐, die Brille absetzen ☐, alles ausziehen ☐, die Unterwäsche anlassen ☐, die Unterwäsche ausziehen ☐, das OP-Hemd anziehen ☐, sich hinlegen ☐, die Antithrombosestrümpfe ausziehen ☐,die Antithrombosestrümpfe anziehen ☐.

6 Was sagt das Pflegepersonal vor einer Operation zu den Patienten?

Maßnahmen:	Das sagen Sie zu der Patientin / dem Patienten:
1. keine Sorgen machen	*Machen Sie sich bitte keine Sorgen.*
2. nüchtern bleiben	
3. sich rasieren	
4. (sich) duschen	
5. die Zahnprothese herausnehmen	
6. Schmuck ablegen	
7. die Thrombosestrümpfe ausziehen	
8. ein Beruhigungsmittel einnehmen	

7 Wie heißen die Operations-Instrumente? Ordnen Sie zu.

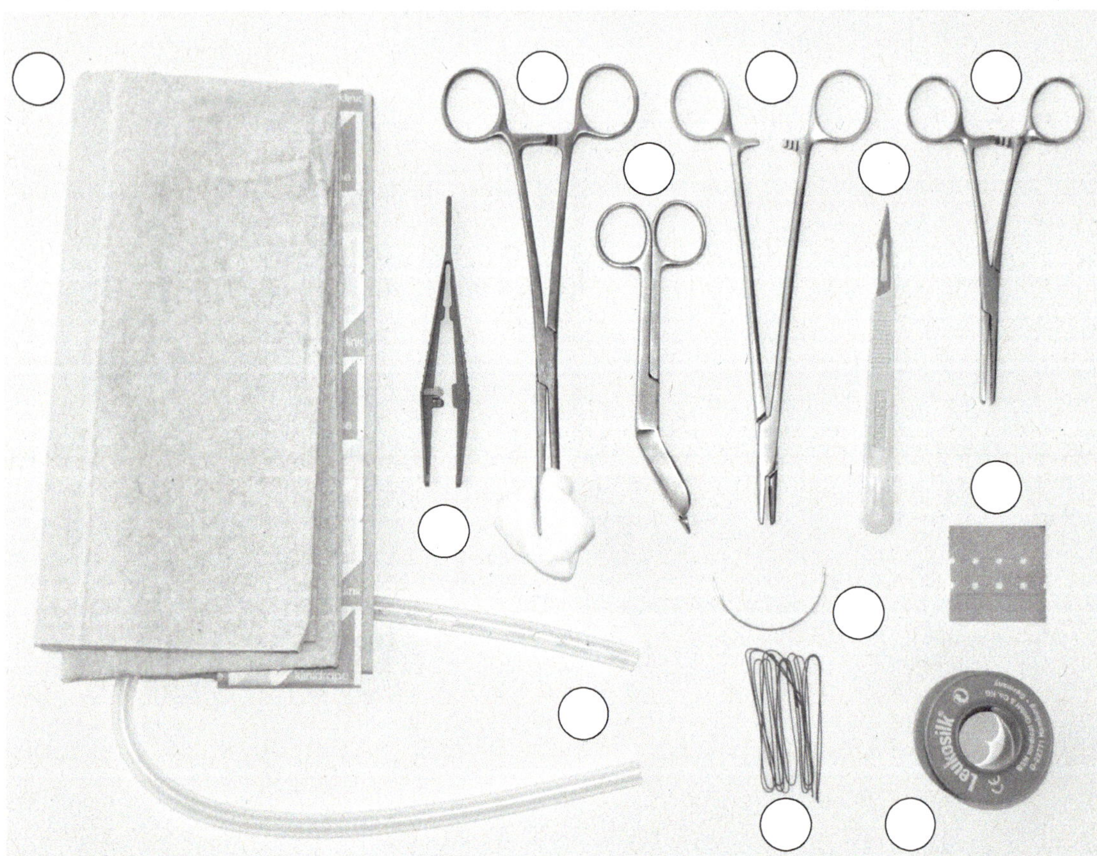

1 die Drainage (-n)
2 das Tuch ("-er)
3 das Pflaster (–)
4 das Skalpell (-e)
5 der Faden ("-)
6 die Nadel (-n)
7 der Pflasterstreifen (–)
8 die Schere (-n)
9 die Pinzette (-n)
10 der Tupfer (–)
11 die Klemme (-n)
12 der Nadelhalter (–)

8 Die Operation an Frau Schumann. Sie informieren die Patientin. Ergänzen Sie.

Der Anästhesist ________________ die Narkose ________________(1). Der Operateur ________________ das Operationsgebiet ________________(2) und ________________(3) sterile Tücher um das Operationsgebiet. Er ________________ das Licht ________________(4). Er ________________ mit einem Skalpell den Brustkorb von Frau Schumann ________________(5) und ________________(6) den kranken Teil der Lunge. Er ________________ eine Drainage ________________(7), damit das Blut ________________(8) kann. Dann ________________ er den Brustkorb mit Nadel und Faden wieder ________________(9). Nach der Operation ________________ der Anästhesist die Narkose ________________(10).

9 Wie heißen die Instrumente und ihre Abkürzungen?

der Dauerkatheter (-) / der Blasenverweilkatheter (-) • die Braunüle® –n) / die Viggo® (-s)
der Zentrale Verweilkatheter (-)

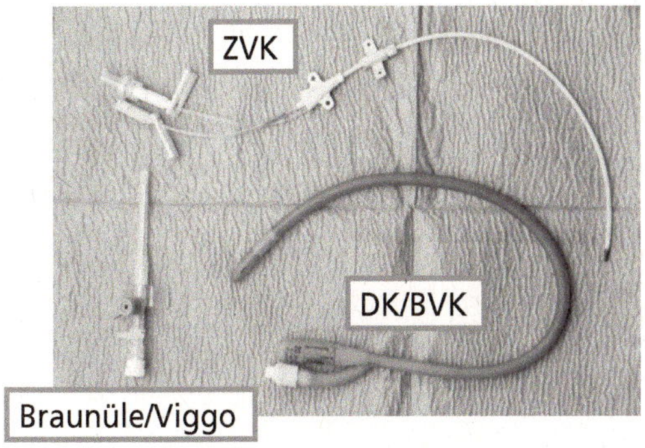

ZVK = ________________________

DK/BVK = ________________________

10 Was heißen die Abkürzungen?

s.c.	________________	i.v.	________________
i.m.	________________	MS	________________
DK	________________	EKG	________________
PEG	________________		________________

11 Verordnung. Hören Sie: Wie lange hat die OP gedauert und was muss die Intensivstation tun? Schreiben Sie. 49

Name: *Frau Schumann, Helga* Datum: 05.08.

Verordnungen an die Station

Operation: *Oberlappenresektion* 1. Dauer der Operation von: ________ bis ________ Uhr

2. RR, Puls und Atmung ________ 15 Minuten ________ 30 Minuten
3. Röntgen-Thorax sofort ☐ nachmittags ☐ morgen früh ☐
4. Laboruntersuchungen: HGB, HKT sofort ☐ (um) ________ Uhr
5. Antibiotika: ________________ ________________ ________________
6. Analgetika: ________________ ________________ ________________
7. Trinken erlaubt, falls genügend wach ab ________ Uhr
8. Medikamente: ________________ ________________ ________________
9. Infusion: ________________ ________________ ________________
10. Besonders beachten: ________________________________

12a Herr Seewald hat eine neue Hüfte bekommen. Lesen Sie.

Name: *Herr Seewald, Bernhard* Datum: *20.07.*

Verordnungen an die Station

Operation: *Hüftendoprothese* Dauer der Operation von: *8.00* bis *10.00* Uhr

1. RR, Puls und Atmung *6 x* alle 15 Minuten *4 x* alle 30 Minuten
2. Röntgen-Thorax sofort ☐ nachmittags ☐ morgen früh ☐
3. Laboruntersuchungen: HGB, HKT sofort ☐ (und) um *14* Uhr
4. Antibiotika: *Ø*
5. Analgetika: *1/2 Ampulle Dipidolor i.m.*
6. Trinken erlaubt, falls genügend wach ab *12* Uhr
7. Medikamente: *Ø*
8. Infusion: *1500 ml NaCl*
9. Besonders beachten: *Pat. ist übergewichtig / Reduktionskost*

12b Was sagen Sie der Intensivstation über Herrn Seewald (12a)? Schreiben Sie.

Bei Herrn ______ (1) ist ______ (2) gemacht worden. Die Operation hat von ______ bis ______ (3) gedauert. Er war während der Operation kreislaufstabil. Die Blutgase waren in Ordnung. Er hat eine Magensonde. Messen Sie bitte ______ alle ______ Minuten und ______ alle ______ (4) Minuten den Blutdruck. Kontrollieren Sie die Blutwerte um ______ (5). Gegen die Schmerzen habe ich ______ (6) gegeben. Bei Schmerzen kann er noch einmal 0,5 ml bekommen. Er darf ab ______ (7) trinken und ab heute Abend essen. Als Infusion bekommt er ______ (8). Achten Sie bitte auf ______ (9).

13 Der Überwachungsbogen: Wo passen die Wörter aus dem Kasten?

ml • ml • Ampulle • RR • Puls • T • Einfuhr

Datum: *6.2. . .*		Name: *Krüger, Jonas*			Überwachungsbogen	______		Ausfuhr		
Hz.	Zeit	______	______	______	Medikamente/Infusionen – Sonstiges	oral	parenteral	MS	Drainagen	DK
TM	*14.00*	*110/90*	*80*	*36°*	*aus OP übernommen*		*300* ______			
TM					*½* ______ *Dipidolor i.m.*					
TM					*1 Ringer Lactat*		*500* ______			
TM										
TM										
TM										

50

14 Was hören Sie? Kreuzen Sie an.

1. Der Blutdruck von Herrn Krüger ist um 14 Uhr	☐ 90/110	☐ 113/90	☐ 110/90
2. Seine Temperatur ist	☐ 36^6	☐ 37^6	☐ 36^7
3. Sein Blutdruck ist um 14.15 Uhr	☐ 114/90	☐ 115/90	☐ 150/19
4. In der Drainage sind um 14.15 Uhr	☐ 15 ml	☐ 100 ml	☐ 1500 ml
5. Um 14.30 ist sein Blutdruck	☐ 110/58	☐ 110/85	☐ 85/10
6. Um 16.30 ist sein Puls	☐ 84	☐ 48	☐ 118

15 Die erste Visite nach der Operation. Sie sind der Arzt. Was sagen Sie?

Arzt: ____ (1)
Frau Schumann: Es geht so. Herr Doktor, ich habe so einen Durst. Darf ich schon was trinken?

Arzt: ________________________________ (2) (nein, in einer Stunde)
Frau Schumann: Ach so. Und ich habe starke Schmerzen an der Operationswunde. Kann ich was gegen die Schmerzen bekommen?

Arzt: ____

________________________ (3) (Patientin bekommt gleich Schmerzmittel über Tropf)
Frau Schumann: Danke. Und essen? Wann darf ich etwas essen?

Arzt: ____ (4)
(nein / in drei Stunden / leichte Kost)
Frau Schumann: Gut. Danke, Herr Doktor.

Aussprache und Rechtschreibung

16 Lesen Sie die Blutdruckwerte von Frau Krüger.

Blutdruck Selbstmessungen von: ~~Herr~~ / Frau *Rosemarie Krüger*			
Datum:	morgens:	mittags:	abends:
12.05.	*130/91*	*135/96*	*142/88*
13.05.	*148/89*	*141/92*	*161/104*
14.05.	*139/93*	*143/84*	*140/99*
16.05.	*127/97*		

Beispiel: *Am 12.05. war der Blutdruck morgens 130 zu 91. Mittags …*

51–53

17a Maße, Blutgruppen und Blutwerte. Hören und schreiben Sie.

Maße: ________ ________ ________ ________ ________
________ ________ ________ ________
________ ________ ________ ________ ________
________ ________
________ ________ ________ ________ ________
________ ________

Blutgruppen: ________ ________ ________ ________ ________
________ ________ ________

Blutwerte: ________ ________ ________ ________ ________
________ ________ ________ ________

51–53

17b Hören Sie noch einmal und sprechen Sie nach.

54

18a Hören Sie und ergänzen Sie die fehlenden Wortteile.

1. Entzündung ______________________entzündung

Die Patientin hatte eine ______________________entzündung.

2. Entzündung ____________entzündung Herr Meier hatte eine ____________entzündung.
3. Krebs ____________krebs Er hat ____________krebs.
4. Infarkt ____________infarkt Sie hat einen ____________infarkt.
5. Geschwür ________________geschwür Sie haben ein ________________geschwür.

54

18b Hören Sie noch einmal und sprechen Sie nach.

19 Welcher Wert stimmt? Kreuzen Sie an.

124/65
- ☐ einhundertzweiundvierzig zu sechsundfünfzig
- ☐ einhundertzweiundvierzig zu fünfundsechzig
- ☐ einhundertvierundzwanzig zu fünfundsechzig

38⁹
- ☐ achtunddreißig neun
- ☐ dreiundachtzig neun
- ☐ neununddreißig acht

145/89
- ☐ einhundertvierundfünfzig zu neunundachtzig
- ☐ einhundertfünfundvierzig zu neunundachtzig
- ☐ einhundertvierundfünfzig zu achtundneunzig

72
- ☐ siebenundzwanzig
- ☐ zweiundsiebzig

Grammatik

20 *Seit, in, vor, ab, nach, von – bis*? Ergänzen Sie.

__________ (1) zwei Wochen hat man in der Lunge von Frau Schumann ein Karzinom entdeckt. __________ (2) vier Tagen ist sie im Krankenhaus. __________ (3) einer halben Stunde wird sie operiert. Schon __________ (4) gestern ist sie aufgeregt. __________ (5) der Operation muss sie ihre Zahnprothese herausnehmen und ein Operationshemd anziehen. Zur Toilette ist sie __________ (6) einer Stunde schon gegangen und geduscht hat sie morgens. Den Schmuck muss sie auch ablegen, aber den hat sie ihrer Tochter schon __________ (7) ein paar Tagen gegeben. Die Operation ist __________ 11 Uhr __________ (8) 14 Uhr angesetzt. __________ (9) der Operation muss Frau Schumann nüchtern bleiben, aber ein paar Stunden __________ (10) der Operation darf sie trinken. Wenn alles wie geplant verläuft, ist sie __________ (11) kommender Woche wieder zu Hause.

21 Fragen vor der Operation. Antworten Sie mit den passenden temporalen Präpositionen.

1. Wann werde ich operiert? ______________________ (Montag)
2. Wann ist die Operation? ______________________ (9.00 Uhr)
3. Bis wann darf ich noch etwas trinken? ______________________ (Sonntagabend)
4. Wann holen Sie mich in den OP? ______________________ (kurz vor 9.00 Uhr)
5. Wie lange dauert die OP? ______________________ (9.00 – 12.00 Uhr)

22 Vor und nach der OP. Ergänzen Sie *seit, bis* oder *während.*

1. ____________ mittags dürfen Sie nichts essen und trinken.
2. ____________ morgen früh dürfen Sie nicht allein aufstehen.
3. ____________ der Atemgymnastik dürfen Sie nicht sprechen.
4. ____________ morgen Abend dürfen Sie keinen Besuch bekommen.
5. ____________ der Operation war Herr Evertz kreislaufstabil.
6. ____________ der Narkose ist Herrn Evertz aber schwindelig.

23 Bilden Sie Sätze mit den angegebenen temporalen Adverbien.

1. Anästhesistin / einleiten / Narkose – zuerst

   ____

2. Operateur / abwaschen / Operationsgebiet – dann

   ____

3. Operateur / abdecken / Operationsgebiet – anschließend

   ____

4. Operateur / legen / sterile Tücher / um / OP-Gebiet – nun

   ____

5. OP-Team / einstellen / Licht – jetzt

   ____

6. Operateur / aufschneiden / Thorax – dann

   ____

7. Operateur / entfernen / Tumor – danach

   ____

8. Operateur / einlegen / Drainage – später

   ____

9. Operateur / zunähen / Wunde – dann

   ____

10. Anästhesistin / ausleiten / Narkose – zum Schluss

   ____

24 Ergänzen Sie die passende Zeitangabe.

Nicht mehr lange • schon ganz früh • alle fünf Minuten • gerade eben = eben erst

1. Schwester Svetlana, messen Sie bitte bis mittags ____________ den Blutdruck, dann alle halbe Stunde.
2. Hat man Herrn Evertz schon Blut abgenommen? – Ja, Schwester Svetlana ist ____________ aus seinem Zimmer gekommen.
3. Und hat man Frau Krüger schon Blut abgenommen? – Ja, ____________, gleich nach dem Aufwachen.
4. Wie lange muss ich noch nüchtern bleiben? – ____________, in einer Stunde dürfen Sie wieder essen.

55

1 Visite. Hören Sie und kreuzen Sie an bzw. antworten Sie.

1. Herrn Evertz geht es gut ☐ nicht so gut ☐ schlecht ☐
2. Herr Evertz war tachykard. Was heißt das? ____________________
3. Hat Herr Evertz diese Nacht über Angina pectoris geklagt? ja ☐ nein ☐ keine Information ☐
4. Was ist Angina pectoris? ____________________
5. Was ordnet der Arzt an?

– ____________________

– ____________________

6. Nimmt der Arzt Herrn Evertz bei der Visite Blut ab? ja ☐ nein ☐ keine Information ☐
7. Sind die Laborwerte schon da? ja ☐ nein ☐ keine Information ☐

2a Ordnen Sie die Überschriften den Formularen zu.

Anordnungen • Pflegemaßnahmen • Pflegebericht • Diagnostik/Konsile

1 ____________________

Datum	Arzt	____________________ von Untersuchungen, Therapien und Eingriffen	Hz.
14.1.	R	EKG	
		2 stdl. (= stündlich)	
		RR + P	M

2 ____________________

Datum	Arzt	____________________	Datum	Uhrz.	Hz.
14.1.	R	2 stdl. RR + P	14.1.	10^{00}	M
				12^{00}	S

3 ____________________

Datum	Arzt	HNO-Konsil
14.1.	R	EKG

4 ____________________

Datum	Uhrz.	____________________ – Verlaufsbeschreibung Krankenbeobachtung	Hz.
14.1.	5^{00}	Pat. klagte über „Herzrasen":	
		war tachykard, Arzt informiert	SM

2b Ordnen Sie die Erklärungen den Formularen in Aufgabe 2a zu.

A In dieses Formular trägt das Krankenhauspersonal die durchgeführten Untersuchungen ein.

B Hier ordnet der Arzt Untersuchungen an, die gemacht werden sollen.

C In diesem Formular stehen die Maßnahmen, die das Pflegepersonal regelmäßig durchführen muss.

D Hier finden Schwestern und Pfleger Informationen der vorigen Schicht.

3a Diagnostik/Konsile (= D/K) oder Pflegemaßnahme (= P)?

1. 4 x tgl. Fußbad ___P___
2. EKG ______
3. Ferse frei lagern ______
4. 3 x tgl. umlagern ______
5. morgen Mittag neurologisches Konsil ______
6. 2 x tägl. VW (= Verbandwechsel) ______
7. Mittwoch Röntgen-Thorax ______
8. 2 x tgl. Sitzbad ______
9. morgen Gastroskopie ______
10. 3 x tgl. Temperaturkontrolle ______
11. Donnerstag Abdomensono ______
12. tgl. Beine wickeln ______
13. Atemgymnastik ______
14. umlagern ______

3b Ordnen Sie die Konsile/Maßnahmen aus Aufgabe 3a den Fotos zu.

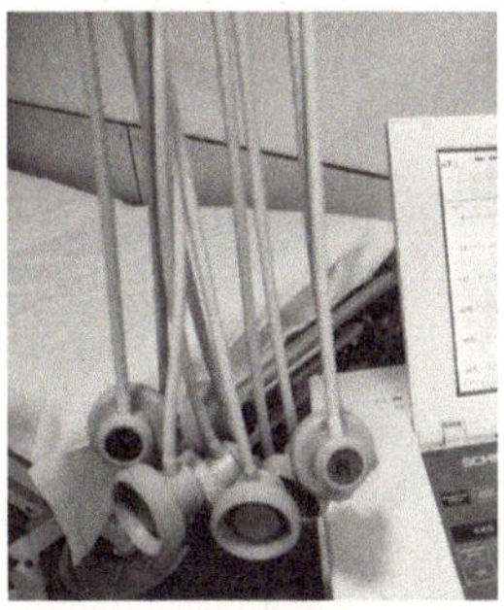
A ___2___

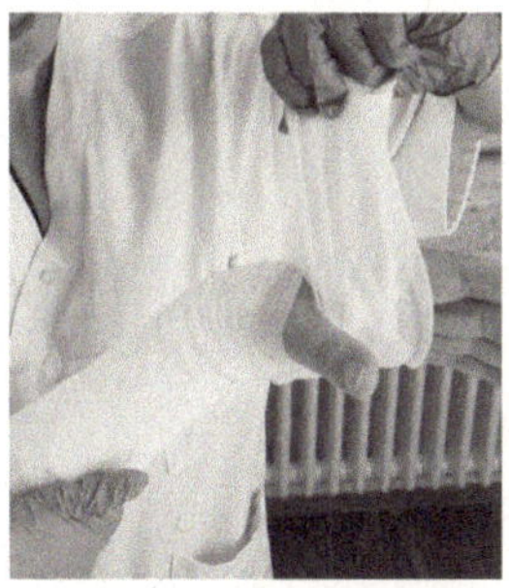
B ______

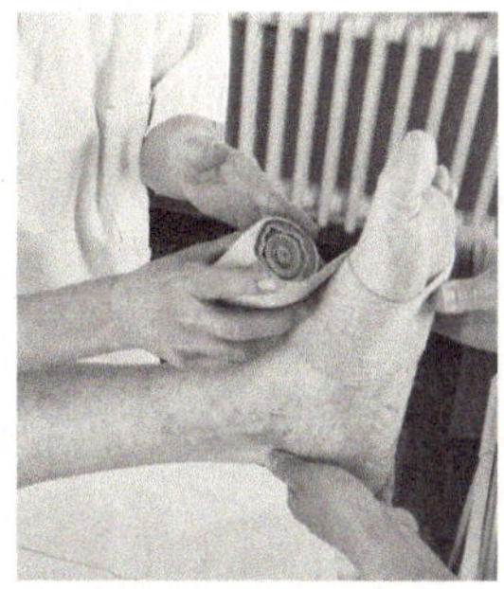
C ______

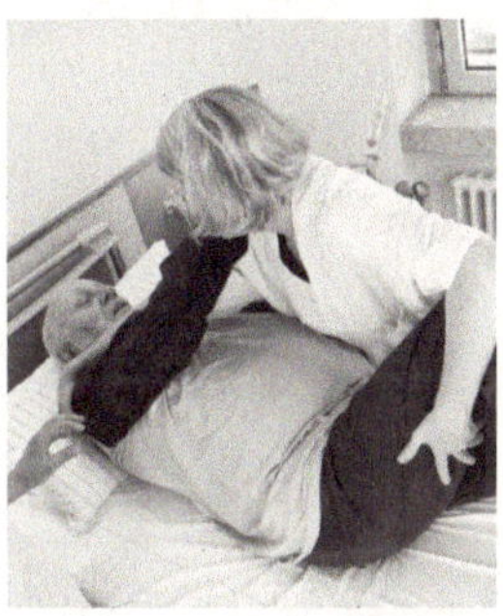
D ______

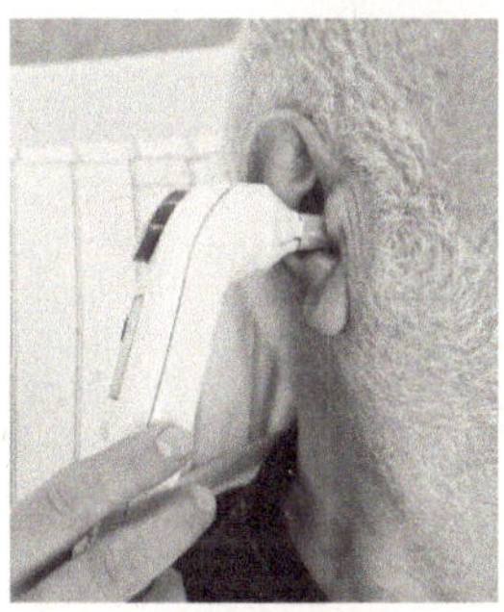
E ______

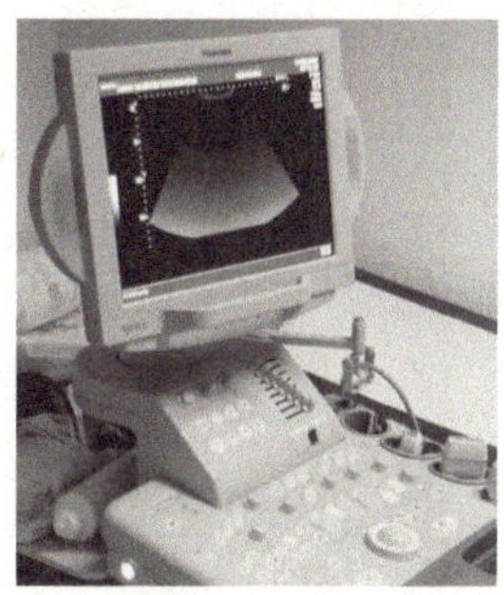
F ______

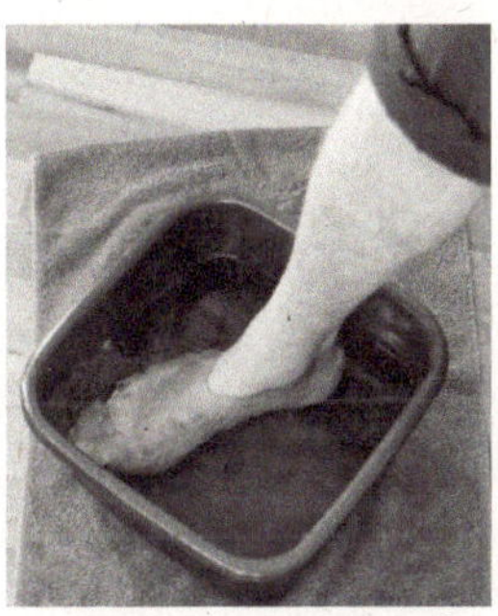
G ______

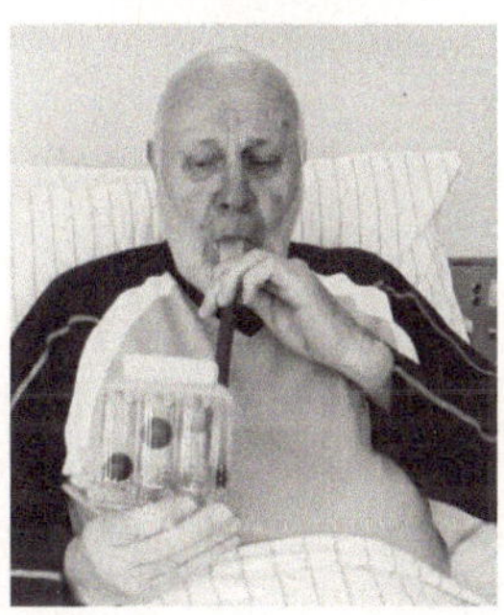
H ______

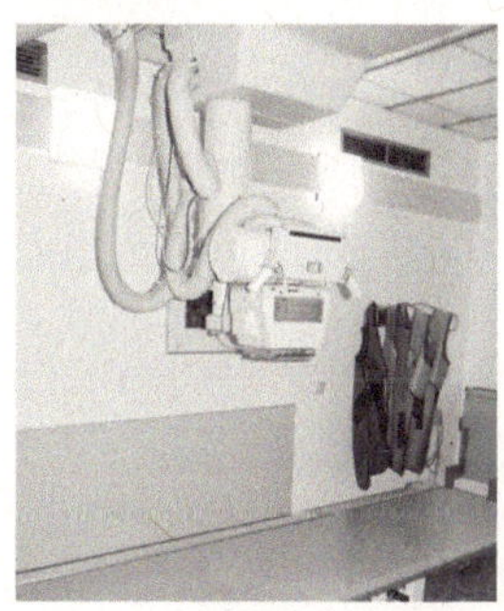
I ______

4 Wie heißen die Nomen zu den Verben und die Verben zu den Nomen?

Nomen	Verb
der Verband	verbinden
	wechseln
die Messung	
die Lagerung	

Nomen	Verb
die Pflege	
der ___ ___ ___ griff	eingreifen
	anordnen
	diagnostizieren

5a Was bedeuten die Abkürzungen?

tgl. = ____________ stdl. = ____________ VW = ____________ Rö = ____________

5b Pflegebericht und Kommunikation mit dem Patienten / der Patientin

Das steht in der Verordnung:	**Schwester Svetlana informiert Herrn Evertz:**	
morgens/abends T	*Herr Evertz, wir messen morgens und abends Ihre Temperatur.*	(1)
stdl. RR + P	____________	(2)
EKG	____________	(3)
VW – tgl.	____________	(4)
Rö-Thorax	____________	(5)
Mo Gastroskopie	____________	(6)
Di Abdomensono	____________	(7)
3 x stdl. umlagern	____________	(8)

56–58

6 Drei Visitengespräche. Hören und schreiben Sie.

Dialog 1: Was notiert Schwester Svetlana als Pflegemaßnahme?

Datum	Arzt	**Pflegemaßnahmen**	Datum	Uhrz.	Hz.

Dialog 2: Schreiben Sie die Anordnung des Arztes in das Formular.

Datum	Arzt	**Anordnungen** von Untersuchungen, Therapien und Eingriffen	Hz.

Dialog 3: Die Verordnungen sind ausgeführt worden. Was notiert die Schwester im Pflegebericht?

Datum	Uhrz.	**Pflegebericht –** Verlaufsbeschreibung Krankenbeobachtung	Hz.

7 Was passt zusammen?

1 ___ Herr Thorn hat Husten.

2 ___ Herr Grandi ist aus dem Bett gefallen.

3 ___ Herr Schäfer hat eine offene Ferse.

A Wir machen Bettgitter ans Bett.

B Wir verbinden und lagern die Ferse frei.

C Ich höre Sie ab. Inhalieren Sie dreimal täglich.

8 Übergabe. Hören Sie mehrmals und notieren Sie die fehlenden Informationen.

59

Zimmer ___________ **Herr** ___________________________

Der Patient wird heute _________________.

Pflegerische Maßnahme: 1. Bein: ___________________________

2. Nachfragen: ___________________________

3. Mitgeben: ___________________________

Der Patient wird um ____________________ von seiner Tochter abgeholt.

Zimmer ___________ **Herr** ___________________________

Dem Patienten geht es ___________________________.

Temperatur um 6 Uhr: ___________________________

Pflegerische Maßnahme: 1. Alle 4 Stunden: ___________________________

2. ___________________________

Zimmer ___________ **Herr** ___________________________

Der Patient hat ___________________________.

4 Uhr: ___________________________

Pflegerische Maßnahme: Nachfragen: ___________________________

Herr ___________________________

Patient ist nachts ___________________________.

Pflegerische Maßnahme: ___________________________

Zimmer ___________ **Frau** ___________________________

Die Patientin wird ___________________________.

9 Übergabe nach Ihrem Nachtdienst: Berichten Sie Ihren Kollegen.

Zimmer 14, Herr Schneller, Ben 17 Jahre 3.30 Uhr, Notfall Diagnose: – Kollaps nach Medikamentenmissbrauch – dehydriert, Angstzustände Verordnung: 4 Uhr: 1000 ml NaCl 4.30 Uhr: 20 mg Diazepam i.v. Pflegerische Maßnahmen: 1 x stdl. RR + P Angehörige verständigen Diensthabende/r: Dr. Schöneck	*Um 3.30 Uhr wurde Ben Schneller eingeliefert.* *Er ist ein Notfall. Er hatte*

60

10 Notieren Sie die wichtigen Punkte bei der Übergabe.

Zimmer: ______ **Herr / Frau:** ____________	**Zimmer:** 20 Herr / ~~Frau:~~ Scheppler
nachts tachykard	
Zimmer: ______ **Herr / Frau:** ____________	**Zimmer:** ______ **Herr / Frau:** ____________

11 Ihre Anordnungen für Station 12. Was sagen Sie dem Pflegepersonal? Was sagen Sie dem Patienten / der Patientin?

Anordnung 1: Frau Krüger – Rö-Thorax

Zu Schwester Svetlana: Lassen Sie bei Frau Krüger bitte einen Röntgen-Thorax machen.

Zu Frau Krüger: Wir röntgen Ihre Lunge.

Anordnung 2: Herr Evertz – tgl. Fußbad + VW – Ferse frei lagern

Zu Pfleger Achim: ____________

Zu Herrn Evertz: ____________

Anordnung 3: Herr Popov stdl. P + RR – EKG

Zu Schwester Susanne: ____________

Zu Herrn Popov: ____________

Anordnung 4: Frau Rademacher – 2 x stdl. umlagern – Schmerztropf

Zu Pfleger Tim: ____________

Zu Frau Rademacher: ____________

Aussprache und Rechtschreibung

12 Schreiben Sie kurz.

Temperatur	T	Sonographie	
Blutdruck		Hämoglobin	
stündlich		Dauerkatheter	
täglich		0 Rhesus negativ	
zweimal		0 Rhesus positiv	
Verbandswechsel		Elektrokardiogramm	
zweimal stündlich		intravenös	
Temperaturmessung		intramuskulär	

13 Schreiben Sie die Verordnung aus und lesen Sie sie laut.

1. 3 x tgl. RR + P messen ______
2. wchtl. Physio ______
3. Mo Abdomensono ______
4. WE / E ______
5. Fuß li. VW ______
6. Arm r. Bestrahlung ______
7. Beine bds. mobil. ______
8. 2 W Reha ______

14 Lesen Sie.

Röntgen-Thorax	Wir machen einen Röntgen-Thorax.	Wir röntgen Ihre Lunge.
Röntgen-Abdomen	Wir machen ein Röntgen-Abdomen.	Wir röntgen Ihren Bauch.
tachykard	Die Patientin ist tachykard.	Sie haben Herzrasen.
mobilisieren	Wir mobilisieren den Arm.	Wir bewegen Ihren Arm.
Angina pectoris.	Hat der Patient Angina pectoris?	Haben Sie Brustschmerzen?

Grammatik

15 Was wird auf der Station gemacht?

1. Schwester Svetlana wechselt den Verband.
Der Verband wird gewechselt.
2. Die diensthabende Ärztin untersucht die Neuzugänge.
______
3. Der Gynäkologe führt das gynäkologische Konsil durch.
______
4. Pfleger Achim steckt Bettgitter an.
______
5. Schwester Susi macht morgens die Grundpflege. Sie wäscht die Patienten und macht die Betten.
______

16 Was wird auf der Station noch gemacht?

1. Pflegeberichte schreiben ______
2. Maßnahmen durchführen ______
3. Maßnahmen dokumentieren ______
4. durchgeführte Untersuchungen eintragen ______
5. röntgen, informieren, operieren Es wird ______
6. Bettgitter anstecken ______
7. untersuchen Es wird ______
8. Patienten abholen und bringen ______
9. Patienten mobilisieren ______
10. Angehörige benachrichtigen ______

17 Was ist vor, nach und während der Operation gemacht worden? Ordnen Sie und bilden Sie Passivsätze.

die Narkose ausleiten • den Patienten narkotisieren • den Patienten auf die Operation vorbereiten
den Thorax aufschneiden • eine Drainage für das Blut legen
den Tumor entfernen • das OP-Gebiet abwaschen und mit steriler Watte abdecken
die Wunde zunähen • den Patienten ins Wachzimmer bringen

1. Der Patient ist auf die Operation vorbereitet worden.
2. ______
3. ______
4. ______
5. ______
6. ______
7. ______
8. ______
9. ______

18 Schreiben Sie Passivsätze: Was wird gemacht?

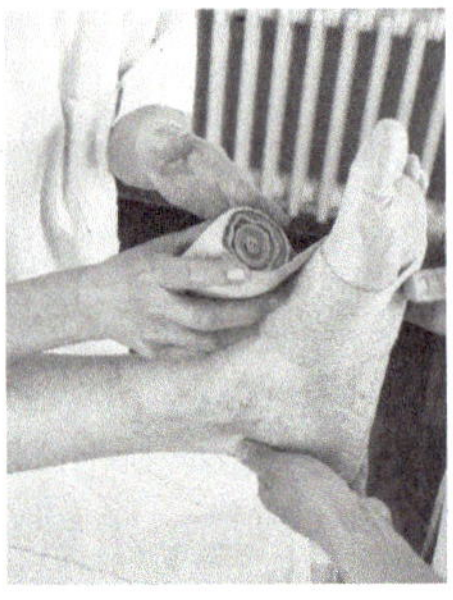
1

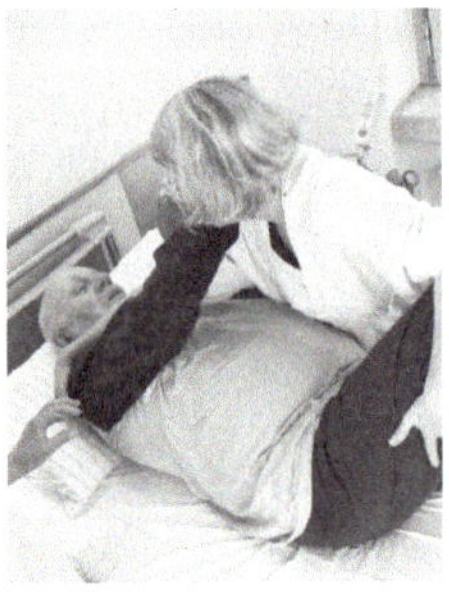
2

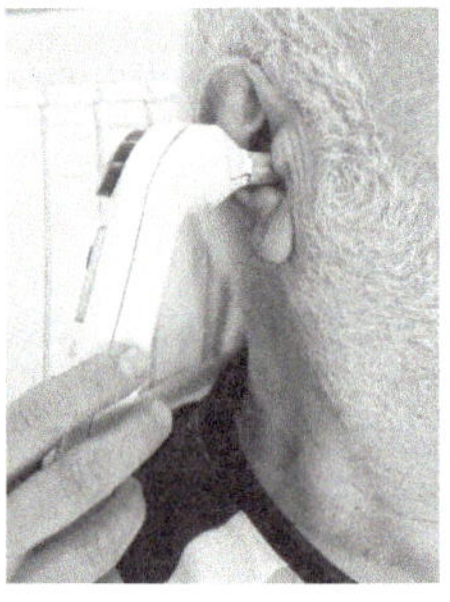
3

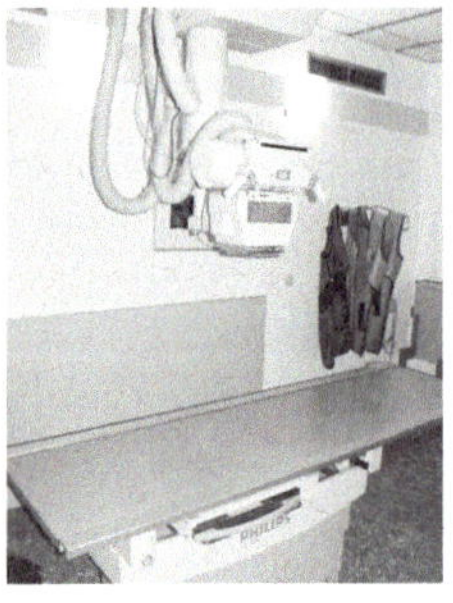
4

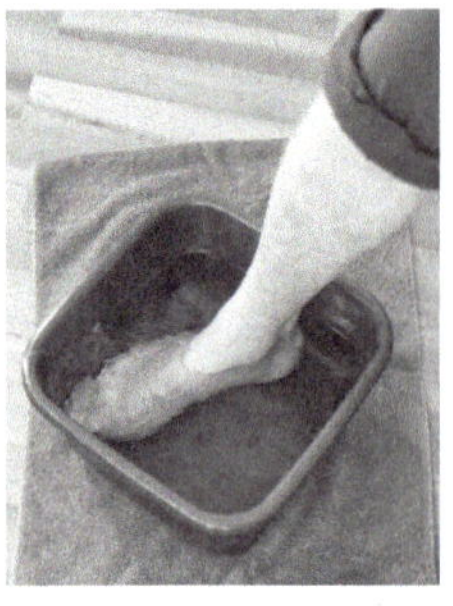
5

1. ______
2. ______
3. ______
4. ______
5. ______

19 Aus einer Verordnung. Was muss gemacht werden?

1. täglich Beine wickeln
   Die Beine müssen täglich gewickelt werden.
2. Herrn Evertz 2 x stündlich umlagern
3. Temperatur 3 x täglich kontrollieren
4. Verband täglich wechseln
5. Frau Krüger täglich baden
6. Puls und Blutdruck alle zwei Stunden kontrollieren
7. Blut abnehmen und ins Labor schicken
8. Bettgitter anstecken
9. Herrn Popov in die Atemgymnastik einweisen

20 Passiv Perfekt. Was ist hier gemacht worden?

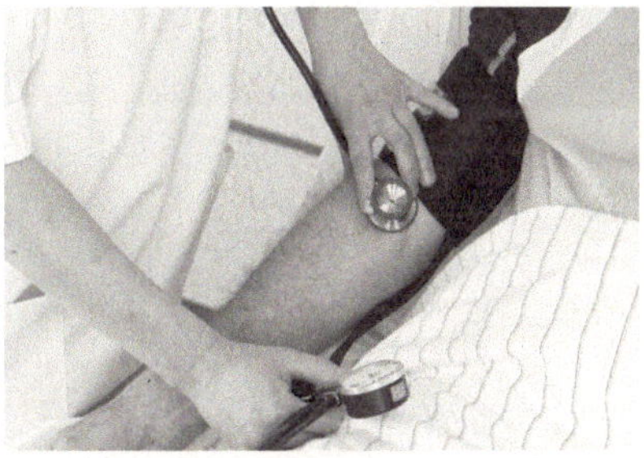

1. Der Blutdruck ist kontrolliert worden.

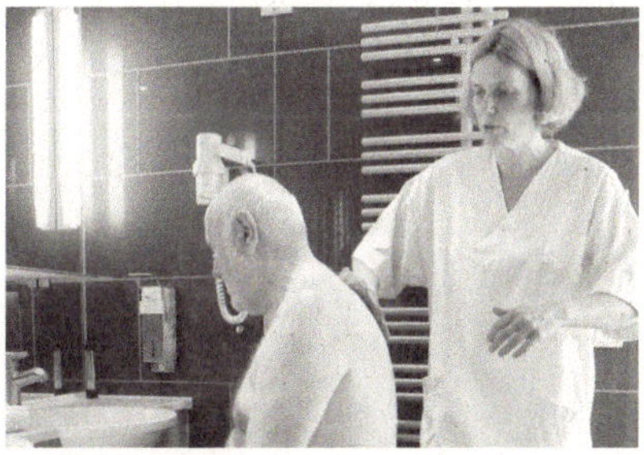

2.

3.

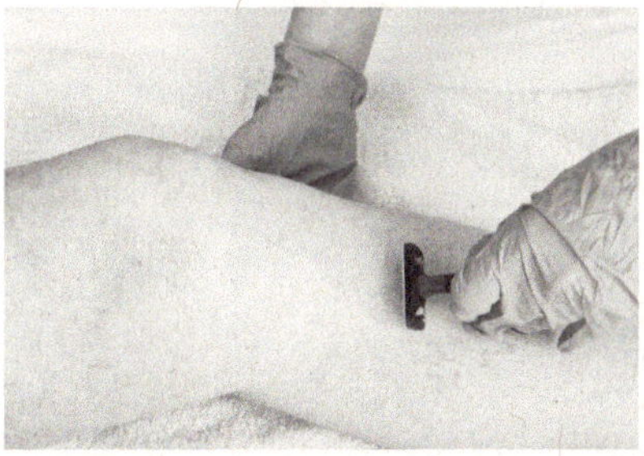

4.

5.

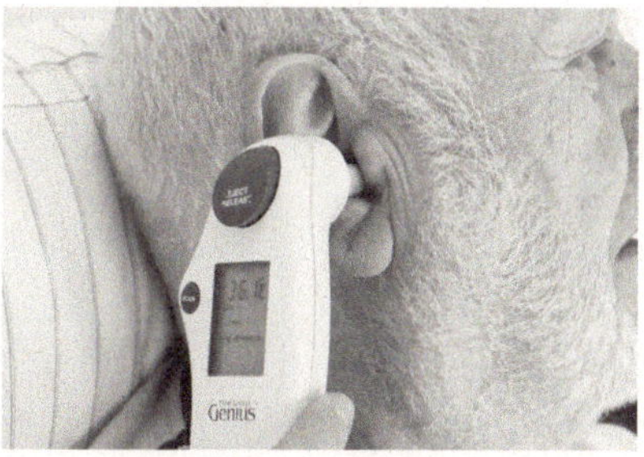

6.

61

1 Das Kreislaufsystem. Hören Sie und ergänzen Sie die fehlenden Wörter.

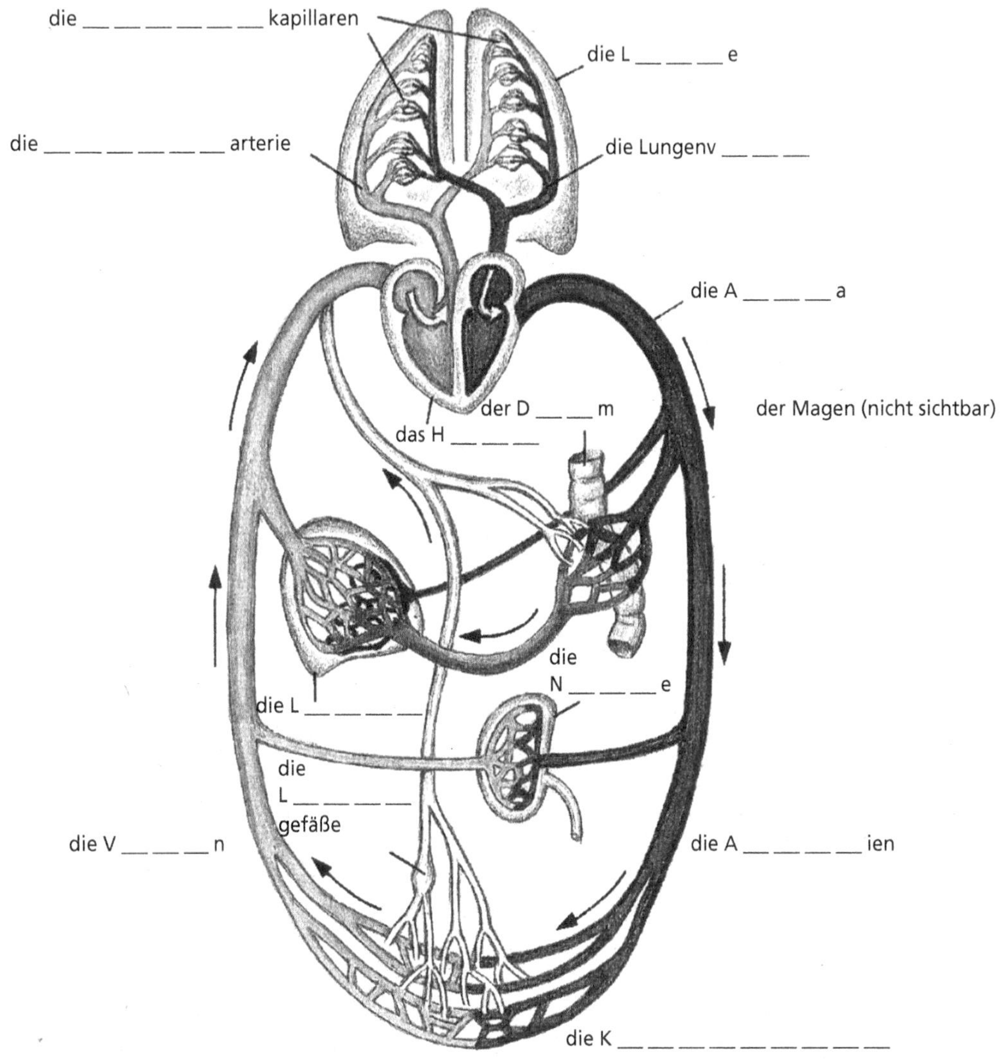

2a Der Beipackzettel. Ordnen Sie die Erklärungen den Überschriften des Beipackzettels zu.

1 Anwendungsgebiete ______

2 Zusammensetzung ______

3 Gegenanzeigen ______

A So soll man das Medikament einnehmen, z.B. auf nüchternen Magen oder unzerkaut.

B Wenn noch andere Medikamente eingenommen werden, kann es zu einer veränderten Wirkung des Medikaments kommen.

C Diese Menge soll eingenommen werden, z.B. zwei Tabletten.

Gebrauchsinformation

ASPIRIN® 100

Wirkstoff: Acetylsalicylsäure

1 **Zusammensetzung**
1 Tablette enthält: 0,1 g Acetylsalicylsäure.

2 **Anwendungsgebiete**
Schmerzen, wie Kopf-, Zahn-, Muskel- oder Gelenkschmerzen, Schmerzen nach Verletzungen, Entzündungen, Fieber.

Hinweis:
ASPIRIN 100 soll jedoch bei Kindern und Jugendlichen mit fieberhaften Erkrankungen wegen des möglichen Auftretens eines Reye-Syndroms nur auf ärztliche Anweisung und nur dann angewandt werden, wenn andere Maßnahmen nicht wirken.

ASPIRIN 100 soll längere Zeit oder in höheren Dosen nicht ohne Befragen des Arztes angewandt werden.

3 **Gegenanzeigen**
ASPIRIN 100 darf nicht angewandt werden bei Magen- und Zwölffingerdarmgeschwüren oder bei krankhaft erhöhter Blutungsneigung.

ASPIRIN 100 sollte nur nach Befragen des Arztes angewandt werden bei gleichzeitiger Therapie mit gerinnungshemmenden Arzneimitteln (z.B. Cumarinderivate, Heparin), bei Glucose-6-Phosphatdehydrogenasemangel, bei Asthma oder bei Überempfindlichkeit gegen Salicylate, andere Entzündungshemmer/Antirheumatika oder andere allergene Stoffe, bei chronischen oder wiederkehrenden Magen- oder Zwölffingerdarmbeschwerden oder bei vorgeschädigter Niere, in der Schwangerschaft, insbesondere in den letzten drei Monaten.

Hinweis:
Patienten, die an Asthma, Heuschnupfen, Nasenschleimhautschwellung (Nasenpolypen) oder chronischen Atemwegsinfektionen (besonders gekoppelt mit heuschnupfenartigen Erscheinungen) leiden und Patienten mit Überempfindlichkeit gegen Schmerz- und Rheumamittel aller Art sind bei Anwendung von ASPIRIN 100 durch Asthmaanfälle gefährdet (sog. Analgetika-Intoleranz/Analgetika-Asthma). Sie sollten vor Anwendung den Arzt befragen. Das gleiche gilt für Patienten, die auch gegen andere Stoffe überempfindlich (allergisch) reagieren wie z.B. mit Hautreaktionen, Juckreiz oder Nesselfieber.

4 Art der Anwendung ___________

5 Wechselwirkungen ___________

6 Nebenwirkungen ___________

7 Dosierung ___________

ASPIRIN 100 sollte nur nach Befragen des Arztes angewandt werden bei gleichzeitiger Therapie mit gerinnungshemmenden Arzneimitteln (z.B. Cumarinderivate, Heparin), bei Glucose-6-Phosphatdehydrogenasemangel, bei Asthma oder bei Überempfindlichkeit gegen Salicylate, andere Entzündungshemmer/Antirheumatika oder andere allergene Stoffe, bei chronischen oder wiederkehrenden Magen- oder Zwölffingerdarmbeschwerden oder bei vorgeschädigter Niere, in der Schwangerschaft, insbesondere in den letzten drei Monaten.

Hinweis:

Patienten, die an Asthma, Heuschnupfen, Nasenschleimhautschwellung (Nasenpolypen) oder chronischen Atemwegsinfektionen (besonders gekoppelt mit heuschnupfenartigen Erscheinungen) leiden und Patienten mit Überempfindlichkeit gegen Schmerz- und Rheumamittel aller Art sind bei Anwendung von ASPIRIN 100 durch Asthmaanfälle gefährdet (sog. Analgetika-Intoleranz/Analgetika-Asthma). Sie sollten vor Anwendung den Arzt befragen. Das gleiche gilt für Patienten, die auch gegen andere Stoffe überempfindlic gisch) reagieren wie z.B. mit Hautreaktionen, Juckreiz oder Nesselfieber.

ASPIRIN 100 sollte bei Kindern und Jugendlichen mit fieberhaften Erkrankungen ärztliche Anweisung und nur dann angewandt werden, wenn andere Maßnahme wirken.

Sollte es bei diesen Erkrankungen zu lang anhaltendem Erbrechen kommen, so ka ein Zeichen des Reye-Syndroms, einer sehr seltenen, aber häufig lebensbedro Krankheit sein, die unbedingt sofortiger ärztlicher Behandlung bedarf.

Wird während längerer Anwendung von ASPIRIN 100 eine Schwangerschaft fest so ist der Arzt zu benachrichtigen. Bei regelmäßiger Anwendung hoher Dosen in d zeit sollte ein frühzeitiges Abstillen erwogen werden.

4 **Folgende Nebenwirkungen können auftreten:**
Magenbeschwerden, Magen-Darm-Blutverluste; selten Überempfindlichkeitsrea (Bronchospasmus, Hautreaktionen); sehr selten eine Verminderung der Blutplättchen (bozytopenie).

Hinweis:

Bei häufiger und längerer Anwendung kann es in seltenen Fällen zu schweren Magenblutungen kommen. Bei Auftreten von schwarzem Stuhl (Teerstuhl) ist sofort der Arzt zu benachrichtigen. In Ausnahmefällen kann nach längerer Anwendung von ASPIRIN 100 eine Blutarmut durch verborgene Magen-Darm-Blutverluste auftreten. Schwindel und Ohrenklingen können besonders bei Kindern und älteren Patienten Symptome einer Überdosierung sein. In diesen Fällen ist der Arzt zu benachrichtigen. Bei Überschreitung der empfohlenen Dosierung können die Leberwerte (Transaminasen) ansteigen.

5 **Wechselwirkungen mit anderen Mitteln**

Erhöht werden
- die Wirkung gerinnungshemmender Arzneimittel (z.B. Cumarinderivate und Heparin)
- das Risiko einer Magen-Darm-Blutung bei gleichzeitiger Behandlung mit Kortikoiden
- die Wirkungen und unerwünschten Wirkungen aller nicht steroidalen Rheumamittel
- die Wirkung von blutzuckersenkenden Arzneimitteln (Sulfonylharnstoffen)
- die unerwünschten Wirkungen von Methotrexat.

Vermindert werden die Wirkungen von
- Spironolacton
- Furosemid
- harnsäureausscheidenden Gichtmitteln.

ASPIRIN 100 sollte daher nicht zusammen mit einem der oben genannten Mittel angewandt werden, ohne daß der Arzt ausdrücklich die Anweisung gegeben hat.

6 **Dosierung**

Soweit nicht anders verordnet, wird bei Fieber und Schmerzen die Einzeldosis im allgemeinen dem Alter des Kindes angepaßt und, falls erforderlich, bis zu 3mal täglich gegeben:

Alter	**Einzeldosis**
unter 2 Jahre	– nach ärztlicher Verordnung
2–3 Jahre	– 1 Tablette
4–6 Jahre	– 2 Tabletten
7–9 Jahre	– 3 Tabletten

Bei mehr als 3 Tabletten pro Einzeldosis empfiehlt sich die Anwendung von "ASPIRIN plus C"-Brausetabletten oder ASPIRIN-Tabletten.

7 **Art der Anwendung**

Bei Kleinkindern empfiehlt es sich, die Tabletten in einem Teelöffel Flüssigkeit zerfallen zu lassen oder sie den Speisen beizumischen. Die Tabletten können auch gelutscht werden.

Hinweis:

ASPIRIN 100 soll nach Ablauf des angegebenen Verfallsdatums nicht mehr angewandt werden.

Arzneimittel für Kinder unzugänglich aufbewahren!

Bayer Leverkusen

677154/839/L653/F168b

D Bei diesen Symptomen und Krankheiten verabreicht der Arzt dieses Medikament. (= Indikation)

E Es kann zu Beschwerden kommen, die nicht gewollt sind, z. B. Kopfschmerzen oder Müdigkeit.

F Bei den im Beipackzettel genannten Krankheiten darf das Medikament nicht genommen werden (= Kontraindikation).

G Das Medikament besteht aus den Inhaltsstoffen, die im Beipackzettel aufgelistet sind.

2b Beipackzettel genau lesen: Ist das richtig oder falsch?

1. Aspirin wird bei Zahnschmerzen verabreicht. richtig ☐ falsch ☐
2. Gegenanzeigen gibt es nicht. richtig ☐ falsch ☐
3. Bei der Einnahme von Aspirin kann es manchmal zu Schwindel kommen. richtig ☐ falsch ☐
4. Bei Einnahme von Heparin und Aspirin soll der Arzt befragt werden. richtig ☐ falsch ☐
5. Kinder dürfen Aspirin 100 nicht einnehmen. richtig ☐ falsch ☐

3 Wie heißen die Nomen zu den Verben und die Verben zu den Nomen?

Nomen	**Verb**	**Nomen**	**Verb**
die Einnahme	*einnehmen*		hinweisen
	wirken	die Verabreichung	
	zusammensetzen		dosieren
	anwenden		mindern, steigern

4 Lesen Sie den Beipackzettel und beantworten Sie die Fragen.

Gebrauchsinformation: Information für den Anwender (Auszug)

Nitrolingual akut® Spray

0,4 mg/Sprühstoß, Spray zur Anwendung in der Mundhöhle
Wirkstoff: Glyceroltrinitrat (…)

1. Was ist Nitrolingual akut® Spray und wofür wird es angewendet?
Nitrolingual akut® Spray ist ein Arzneimittel zur Behandlung von Herzschmerzanfällen.
Nitrolingual akut® Spray wird angewendet:
- zur Behandlung von plötzlich auftretenden Herzschmerzen aufgrund von Durchblutungsstörungen in den Herzkranzgefäßen (akuter Angina pectoris Anfall),
- zur vorbeugenden Einnahme unmittelbar vor körperlichen Belastungen oder anderen Situationen, die erfahrungsgemäß anfallsartig auftretende Herzschmerzen (Angina pectoris Anfälle) auslösen können (Prophylaxe der Angina pectoris),
- bei akutem Herzinfarkt,
- bei akuter Herzmuskelschwäche mit eingeschränkter Funktion der linken Herzkammer (akute Linksherzinsuffizienz),
- bei katheterinduzierten Verengungen der Herzkranzgefäße (Koronarspasmen) während einer Koronarangiographie.

2. Was müssen Sie vor der Anwendung von Nitrolingual akut® Spray beachten?
Nitrolingual akut® Spray darf nicht angewendet werden:
- wenn Sie überempfindlich (allergisch) gegen Glyceroltrinitrat, andere Nitratverbindungen oder einen der sonstigen Bestandteile von Nitrolingual akut® Spray sind,
- bei akutem Kreislaufversagen (Schock, Kreislaufkollaps),
- bei durch Herzversagen ausgelöstem Schock (kardiogenem Schock), sofern nicht durch geeignete Maßnahmen ein ausreichend hoher Füllungsdruck im Herzen (linksventrikulärer, enddiastolischer Druck) gewährleistet ist,
- bei sehr niedrigem Blutdruck (ausgeprägter Hypotonie), d. h. systolischer Blutdruck unter 90 mmHg,
- bei Einnahme von bestimmten Arzneimitteln (Phosphodiesterasehemmer) zur Behandlung von Erektionsstörungen (erektile Dysfunktion) oder bestimmten Lungengefäßerkrankungen (pulmonale arterielle Hypertonie), da durch diese der blutdrucksenkende Effekt von Nitrolingual akut® Spray erheblich verstärkt werden kann. Beachten Sie als Patient mit koronarer Herzkrankheit daher die Anwendungsbeschränkungen solcher Arzneimittel oder sprechen Sie mit Ihrem Arzt darüber, bevor Sie solche Arzneimittel einnehmen. (…)

Bei Anwendung von Nitrolingual akut® Spray mit anderen Arzneimitteln:
Bitte informieren Sie Ihren Arzt oder Apotheker, wenn Sie andere Arzneimittel einnehmen/anwenden bzw. vor kurzem eingenommen/angewendet haben, auch wenn es sich um nicht verschreibungspflichtige Arzneimittel handelt.
Verstärkung der blutdrucksenkenden Wirkung durch
- andere gefäßerweiternde Mittel,
- blutdrucksenkende Präparate (z. B. Beta-Rezeptorenblocker, entwässernde Arzneimittel, Kalziumantagonisten, ACE-Hemmer),
- Arzneimittel gegen seelische Erkrankungen wie Depressionen sowie Neuroleptika,
- Alkohol, (…)

3. Wie ist Nitrolingual akut® Spray anzuwenden?
Wenden Sie Nitrolingual akut® Spray immer genau nach der Anweisung des Arztes an. Bitte fragen Sie bei Ihrem Arzt oder Apotheker nach, wenn Sie sich nicht ganz sicher sind. (…)

Art der Anwendung:
Die Sprühstöße werden in Abständen von etwa 30 Sekunden bei angehaltenem Atem in die Mundhöhle gesprüht, nicht inhaliert. (…)

4. Welche Nebenwirkungen sind möglich?
Wie alle Arzneimittel kann Nitrolingual akut® Spray Nebenwirkungen haben, die aber nicht bei jedem auftreten müssen. (…)
Sehr häufig können bei Behandlungsbeginn Kopfschmerzen ("Nitratkopfschmerzen") auftreten, die erfahrungsgemäß meistens nach einigen Tagen bei weiterer Einnahme abklingen. Häufig werden bei der Erstanwendung, aber auch bei einer Dosiserhöhung, ein Abfall des Blutdrucks und/oder Kreislaufregulationsstörungen bei Lagewechsel (orthostatische Hypotonie) beobachtet, die mit einer Erhöhung der Pulsfrequenz, Benommenheit sowie einem Schwindel- und Schwächegefühl einhergehen können.
Gelegentlich wurde beobachtet:
- Übelkeit, Erbrechen, flüchtige Hautrötungen (Flush) und allergische Hautreaktionen,
- Starker Blutdruckabfall mit Verstärkung der Herzschmerzen (Angina pectoris Symptomatik),
- Kollapszustände, häufig mit Herzrhythmusstörungen mit Verlangsamung der Pulsfrequenz und plötzlichem Bewusstseinsverlust. (…)

Pharmazeutischer Unternehmer:
G. POHL-BOSKAMP GmbH & Co. KG, Kieler Str. 11, 25551 Hohenlockstedt, Telefon: (0 48 26) 59-0, Telefax: (0 48 26) 59 109
Internet: www.pohl-boskamp.de, E-Mail: info@pohl-boskamp.de

220160001/1 ??/3/2008

1. Wogegen verschreibt der Arzt / die Ärztin Nitrolingual akut® Spray?

___

2. Wann darf Nitrolingual akut® Spray nicht angewendet werden?

___

3. Wie wird Nitrolingual akut® Spray angewendet?

___

4. Welche Nebenwirkungen kann es geben?

___

5a Die Rote Liste® gibt es als Buch und im Internet. Lesen Sie, was in der Roten Liste® zu Nitrolingual akut® Spray steht.

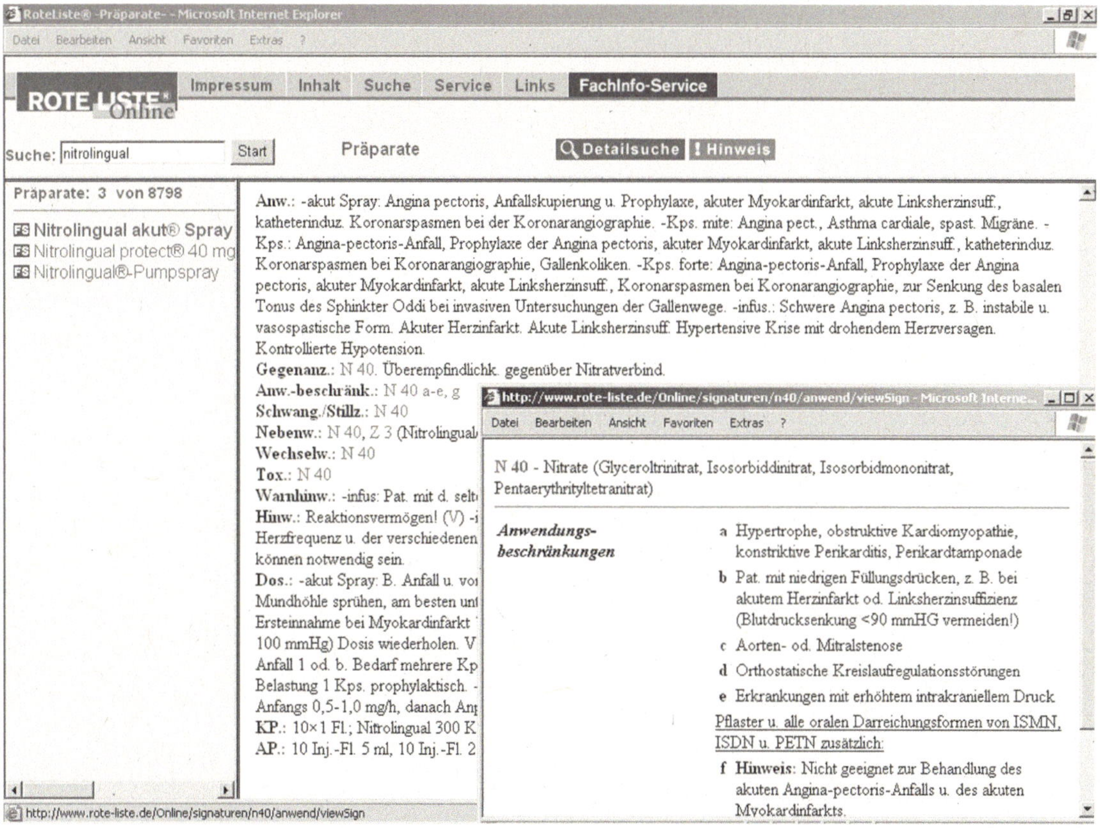
RoteListe® -Präparate- - Microsoft Internet Explorer

Datei Bearbeiten Ansicht Favoriten Extras ?

ROTE LISTE® Online | Impressum | Inhalt | Suche | Service | Links | FachInfo-Service

Suche: nitrolingual Start Präparate Detailsuche ! Hinweis

Präparate: 3 von 8798

- Nitrolingual akut® Spray
- Nitrolingual protect® 40 mg
- Nitrolingual®-Pumpspray

Anw.: -akut Spray: Angina pectoris, Anfallskupierung u. Prophylaxe, akuter Myokardinfarkt, akute Linksherzinsuff., katheterinduz. Koronarspasmen bei der Koronarangiographie. -Kps. mite: Angina pect., Asthma cardiale, spast. Migräne. -Kps.: Angina-pectoris-Anfall, Prophylaxe der Angina pectoris, akuter Myokardinfarkt, akute Linksherzinsuff., katheterinduz. Koronarspasmen bei Koronarangiographie, Gallenkoliken. -Kps. forte: Angina-pectoris-Anfall, Prophylaxe der Angina pectoris, akuter Myokardinfarkt, akute Linksherzinsuff., Koronarspasmen bei Koronarangiographie, zur Senkung des basalen Tonus des Sphinkter Oddi bei invasiven Untersuchungen der Gallenwege. -infus.: Schwere Angina pectoris, z. B. instabile u. vasospastische Form. Akuter Herzinfarkt. Akute Linksherzinsuff. Hypertensive Krise mit drohendem Herzversagen. Kontrollierte Hypotension.
Gegenanz.: N 40. Überempfindlichk. gegenüber Nitratverbind.
Anw.-beschränk.: N 40 a-e, g
Schwang./Stillz.: N 40
Nebenw.: N 40, Z 3 (Nitrolingual
Wechselw.: N 40
Tox.: N 40
Warnhinw.: -infus: Pat. mit d. selt
Hinw.: Reaktionsvermögen! (V) -i
Herzfrequenz u. der verschiedenen
können notwendig sein.
Dos.: -akut Spray: B. Anfall u. vo
Mundhöhle sprühen, am besten un
Ersteinnahme bei Myokardinfarkt
100 mmHg) Dosis wiederholen. V
Anfall 1 od. b. Bedarf mehrere Kp
Belastung 1 Kps. prophylaktisch. -
Anfangs 0,5-1,0 mg/h, danach An
KP.: 10×1 Fl.; Nitrolingual 300 K
AP.: 10 Inj.-Fl. 5 ml, 10 Inj.-Fl. 2

http://www.rote-liste.de/Online/signaturen/n40/anwend/viewSign

http://www.rote-liste.de/Online/signaturen/n40/anwend/viewSign - Microsoft Interne...

Datei Bearbeiten Ansicht Favoriten Extras ?

N 40 - Nitrate (Glyceroltrinitrat, Isosorbiddinitrat, Isosorbidmononitrat, Pentaerythrityltetranitrat)

Anwendungs-beschränkungen

a Hypertrophe, obstruktive Kardiomyopathie, konstriktive Perikarditis, Perikardtamponade
b Pat. mit niedrigen Füllungsdrücken, z. B. bei akutem Herzinfarkt od. Linksherzinsuffizienz (Blutdrucksenkung <90 mmHG vermeiden!)
c Aorten- od. Mitralstenose
d Orthostatische Kreislaufregulationsstörungen
e Erkrankungen mit erhöhtem intrakraniellem Druck

Pflaster u. alle oralen Darreichungsformen von ISMN, ISDN u. PETN zusätzlich:

f **Hinweis**: Nicht geeignet zur Behandlung des akuten Angina-pectoris-Anfalls u. des akuten Myokardinfarkts.

5b Vergleichen Sie den Ausschnitt aus dem Beipackzettel (A) mit dem aus der Roten Liste® (B) und ordnen Sie die Unterschiede in die Tabelle unten ein.

A

1. Was ist Nitrolingual akut® Spray und wofür wird es angewendet?
Nitrolingual akut® Spray ist ein Arzneimittel zur Behandlung von Herzschmerzanfällen.
Nitrolingual akut® Spray wird angewendet:
- zur Behandlung von plötzlich auftretenden Herzschmerzen aufgrund von Durchblutungsstörungen in den Herzkranzgefäßen (akuter Angina pectoris Anfall),
- zur vorbeugenden Einnahme unmittelbar vor körperlichen Belastungen oder anderen Situationen, die erfahrungsgemäß anfallsartig auftretende Herzschmerzen (Angina pectoris Anfälle) auslösen können (Prophylaxe der Angina pectoris),
- bei akutem Herzinfarkt,
- bei akuter Herzmuskelschwäche mit eingeschränkter Funktion der linken Herzkammer (akute Linksherzinsuffizienz),
- bei katheterinduzierten Verengungen der Herzkranzgefäße (Koronarspasmen) während einer Koronarangiographie.

B

Anw.: -akut Spray: Angina pectoris, Anfallskupierung u. Prophylaxe, akuter Myokardinfarkt, akute Linksherzinsuff., katheterinduz. Koronarspasmen bei der Koronarangiographie. -Kps. mite: Angina pect., Asthma cardiale, spast. Migräne. -Kps.: Angina-pectoris-Anfall, Prophylaxe der Angina pectoris, akuter Myokardinfarkt, akute Linksherzinsuff., katheterinduz. Koronarspasmen bei Koronarangiographie, Gallenkoliken. -Kps. forte: Angina-pectoris-Anfall, Prophylaxe der Angina pectoris, akuter Myokardinfarkt, akute Linksherzinsuff., Koronarspasmen bei Koronarangiographie, zur Senkung des basalen Tonus des Sphinkter Oddi bei invasiven Untersuchungen der Gallenwege. -infus.: Schwere Angina pectoris, z. B. instabile u. vasospastische Form. Akuter Herzinfarkt. Akute Linksherzinsuff. Hypertensive Krise mit drohendem Herzversagen.

für medizinisch Ausgebildete • für Laien • Fachwörter • Fremdwörter • kurz, prägnant
ausführliche Erklärungen • lateinische Bezeichnungen

Beipackzettel	Rote Liste®

6 Rote Liste®. Was bedeuten die Abkürzungen?

1. Anw.	*Anwendung*	7. Wechselw.	______
2. spast.	______	8. tox.	______
3. Überempfindlichk.	______	9. Hinw.	______
4. Anw.beschr.	______	10. Dos.	______
5. Schwang./Stillz.	______	11. Fl.	______
6. Nebenw.	______	12. inj.	______

62–63

7 Anordnung von Medikamenten. Hören Sie und ergänzen Sie die Dosierung.

Med. gerichtet	– ausgehändigt		
Med. eingegeben			
oral / rektal	Arzt	**Herr Droste, Hans-Peter** **geb. 13.03.1972**	Arzt
		Atacand ______	
		Beloc-Zok Herz ______	
		Laif 900 ______	
		Thromcardin ______	
		______ *Adumbran z. N.*	
		Xalanthan AT z.N.	

Med. gerichtet	– ausgehändigt		
Med. eingegeben			
oral / rektal	Arzt	**Lena Schmitz** **geb. 06.05.2006**	Arzt
		______ *Mucosolvan Kindersaft* ______	
		L-Thyroxin 50 ______	
		Curazink Kps. ______	
		Ben-u-ron 500 supp. b. B. ______	
		______ *Nasivin NT*	

Med. gerichtet	– ausgehändigt		
Med. eingegeben			
oral / rektal	Arzt	**Frau Lange, Jessica** **geb. 31.01.1989**	Arzt
		Pantozol 40 ______	
		ASS 100 ______	
		Simvahexal Film tbl. ______	
		Foradil Spray ______	
		Canifug Vag. supp. ______	
		______ *tgl. Clexane 40 s.c.*	

8 Was bedeuten die Abkürzungen in einer Anordnung?

3 x tgl. Mucosolvan Kindersaft 2,5 ml
L-Thyroxin 50 1-0-0
Curazink Kps. 0-0-1
Ben-u-ron 500 supp. b. B.

3 x tgl. Nasivin NT

3 x tgl. ____________________
ml ____________________
1 – 0 – 0 ____________________
Kps. ____________________
supp. ____________________
b.B. ____________________
NT ____________________

64

9 Hören Sie: Was verordnet Dr. Kazanski? Notieren Sie (ohne Abkürzungen).

zweimal eine Kapsel Adalat, ____________ Provas 80, ____________
Novalgin, ____________ Tannosynt-Sitzbad, ____________ Otriven Nasentropfen,
____________ Aponal 100, ____________ Vomex 150 supp.

65

10 Hören Sie die Verordnung von Dr. Kazanski für Frau Müller mehrmals und notieren Sie.

____
____
____

11 Sie sind Arzt/Ärztin. Diktieren Sie Pfleger Achim. Sprechen Sie keine Abkürzungen.

Herr Müller, Lorenz
Atacand 8 mg 1 – 0 – 1
Thromocardin 3 x 1
1 Tabl. Adumbran z.N.
10 Novalgintropfen® b. B.

____
____
____
____

12 Ergänzen Sie den Ort der Medikation und die Art der Anwendung.

einführen • sprayen • inhalieren • oral einnehmen • auftragen • geben/träufeln

	Was?	Wo?	Wie?
1	die Nasentropfen		
2	die Kapsel und die Tablette		
3	das Dosieraerosol		
4	das Scheidenzäpfchen		
5	die Ohrentropfen		
6	die Salbe und die Creme		
7	das Zäpfchen		
8	den Saft und die Tropfen		
9	die Augensalbe		
10	das Klistier		

66

13 Hören Sie. Warum, wann und wie bekommt Frau Krüger die Medikamente?

Medikament	Warum?	wann?	wie?
1. rote Kapsel			
2. kleine weiße Kapsel			
3. dicke weiße Tablette			
4. diese Tablette			
5. Augensalbe			
6. die Zäpfchen			

14 Erklären Sie die Einnahme und Anwendung der Medikamente.

2 EL Hustensaft z.N.	______
Inhal. 1 – 1 – 1,	______
3 x tägl. NT	______
vor dem Essen 1 Tbl.	______
½ Tbl. z.N. b.B.	______
abends 1 Vaginalsupp.	______

Aussprache und Rechtschreibung

61

15a Organe und Gefäße. Hören Sie Track 61 noch einmal und ergänzen Sie die fehlenden Wörter.

das Herz, die Lunge, ______, der Magen, ______, die Niere.
______, ______, die Aorta, die Lungenarterie, die Lungenvene
die Kapillaren, die Lungenkapillaren, ______

61

15b Hören Sie noch einmal und sprechen Sie nach.

67

16a Hören und notieren Sie.

______ – vierstündlich – ______ – ______ – ______
______ mg – ______ – ______ – ______ – ______ – ______ µg – ______
______ – bei Bedarf – zur Nacht – nüchtern – nach dem Essen – zur Mahlzeit –
mit reichlich Flüssigkeit – subcutan – intravenös – intramuskulär

67

16b Hören Sie noch einmal und sprechen Sie nach.

Grammatik

17 Sie bekommen eine neues Medikament, weil …

1. Das neue Medikament hat weniger Nebenwirkungen. *…, weil* ______
2. Es ist wirksamer als das alte. ______
3. Sie haben das alte Medikament nicht mehr vertragen. ______
4. Sie sind gegen das alte Medikament allergisch geworden. ______

18 Verbinden Sie die Sätze mit *weil.*

1. Sie müssen diese Tabletten morgens vor dem Frühstück nehmen. Sie wirken dann am besten.

____

2. Sie müssen sich vor der Operation rasieren. Die Wundversorgung danach ist einfacher.

____

3. Machen Sie Atemgymnastik. Die Sekrete werden dadurch besser gelöst und abtransportiert.

____

4. Wir geben Ihnen die Medikamente über einen Tropf. Wir können so geringer dosieren.

____

5. Wir operieren morgen. Das Karzinom muss so schnell wie möglich entfernt werden.

____

19 Verbinden Sie die Sätze mit *wenn.*

1. Sie haben eine Frage. Fragen Sie mich.

Wenn Sie eine Frage haben, fragen Sie mich. / Fragen Sie mich, wenn Sie eine Frage haben.

2. Sie haben Angst. Klingeln Sie.

____

3. Sie haben heute Nacht Schmerzen. Ich gebe Ihnen ein Schmerzmittel.

____

4. Sie können sich nicht allein waschen. Ich helfe Ihnen.

____

5. Sie haben Schwierigkeiten beim Kauen. Wir lassen die Speisen pürieren.

____

20 *weil* oder *wenn*?

1. ____________ Sie noch Fragen haben, fragen Sie mich jederzeit, ich antworte gerne.
2. ____________ Sie allergisch gegen das Spray sind, habe ich Ihnen eine Creme verschrieben.
3. Wir müssen Ihren Fuß röntgen, ____________ er wahrscheinlich gebrochen ist.
4. Nehmen Sie diese Tablette und klingeln Sie, ____________ Sie heute Nacht eine Angstattacke haben.
5. ____________ die Operation gut verläuft, werden Sie übermorgen entlassen.
6. Sie bekommen Vollkost, ____________ man nach einem Beinbruch alles essen darf.

21 Bilden Sie logische Sätze mit *weil* oder *wenn.*

Die Inhaltsstoffe gelangen damit schneller in die Blutbahn • Sie haben zu hohen Blutdruck.
Ich drücke hier. • Sie können vor der Operation nicht schlafen. • Ihnen ist noch etwas unklar.

1. Nehmen Sie diese Beruhigungstablette, _______________.
2. Ich verschreibe Ihnen ein Spray, _______________.
3. Fragen Sie mich oder die Ärzte, _______________.
4. Dieses Medikament bekommen Sie, _______________.
5. Haben Sie Schmerzen, _______________?

11 Telefonieren

68

1a Telefonate mit Angehörigen. Frau Koch ruft in der Klinik an. Hören Sie und kreuzen Sie an.

1. Frau Koch möchte wissen, wie es ihrer Mutter geht. richtig ☐ falsch ☐
2. Frau Koch möchte wissen, ob ihre Mutter noch operiert wird. richtig ☐ falsch ☐
3. Frau Koch möchte später von Dr. Becker angerufen werden. richtig ☐ falsch ☐

68

1b Hören Sie noch einmal. Wie meldet sich Klinikpersonal intern korrekt am Telefon?

1. Man nennt Vor- und Nachnamen und dann den Namen der Station. ☐
2. Man nennt den Namen der Station und dann den Dienstnamen. ☐

69

2a Die Klinik ruft bei Frau Koch an. Hören Sie und kreuzen Sie an.

1. Frau Koch möchte wissen, wie es ihrer Mutter geht. richtig ☐ falsch ☐
2. Frau Koch bedankt sich für das gute Operations-Ergebnis. richtig ☐ falsch ☐
3. Frau Koch möchte ihre Mutter morgen besuchen. richtig ☐ falsch ☐

69

2b Hören Sie noch einmal. Wie telefoniert Klinikpersonal korrekt nach draußen?

1. Man nennt den Dienstnamen, den Namen der Station und den Namen der Klinik. ☐
2. Man nennt Vor- und Nachnamen, den Namen der Klinik und den Namen der Station. ☐

3 Korrektes Telefonieren mit Angehörigen. Ordnen Sie die Redemittel.

Station 21, Pfleger Tim, guten Tag. • Es geht ihr/ihm den Umständen entsprechend gut.
Wir melden uns morgen bei Ihnen. • Spreche ich mit …? • Auf Wiederhören!
Sind Sie die Mutter / der Vater / … von …? • Klinikum Ost, Innere, Dr. Lahm, guten Tag.
Sie hören von uns. • Guten Morgen, Schwester Lina, Krankenhaus Süd, Chirurgische Abteilung.
Apparat Dr. Stahl, Sie sprechen mit Schwester Svetlana, was kann ich für Sie tun?
Mit wem spreche ich bitte? • Es geht ihr/ihm leider nicht so gut / gut.
Da kann ich Ihnen leider keine Auskunft geben. Bitte wenden Sie sich an Dr. Kazanski.

Begrüßen	Nachfragen	Auskunft geben	Verabschieden

70

4a Hören Sie. Kreuzen Sie die höflichen Bitten und Fragen an.

1 ☐ höflich? 3 ☐ höflich? 5 ☐ höflich? 7 ☐ höflich?
2 ☐ höflich? 4 ☐ höflich? 6 ☐ höflich? 8 ☐ höflich?

70

4b Hören Sie noch einmal. Wie formuliert man höflich? Notieren Sie.

vielleicht,

5 Sagen Sie es höflicher. Benutzen Sie: *Könnt- …, Entschuldigen Sie, Entschuldigung, Es tut mir leid, leider* und *bitte*.

1. Kann ich mit der Stationsärztin sprechen?

___

2. Wo ist Dr. Kazanski?

___

4. Waschen Sie sich am Waschbecken.

___

5. Besprechen Sie Genaueres mit Frau Dr. Becker.

___

6. Rufen Sie morgen noch einmal an.

___

7. Ich verstehe Sie nicht. Wiederholen Sie Ihren Namen.

___

8. Das Operationsergebnis Ihres Vaters ist noch nicht da.

___

6a Schreiben Sie den Dialog am Telefon höflicher.

Pfleger Achim:	**Herr Moser:**
Hallo? **höflich:** ___ ___(1)	Hier Moser, guten Tag. Ich möchte wissen, wie es meinem Vater geht. Ist er schon untersucht worden?
Ja, aber ich darf Ihnen keine Auskunft geben. Sprechen Sie mit dem Stationsarzt, Dr. Stahl. **höflich:** ___ ___ ___ ___(2)	Kann ich Herrn Dr. Stahl denn bitte sprechen?
Nein. Der ist im Moment auf der Station. **höflich:** ___ ___(3)	Wann kann ich ihn erreichen?
Wenn er wieder da ist. Soll er sie zurückrufen? Dann geben Sie mir Ihre Telefonnummer. **höflich:** ___ ___ ___(4)	Meine Telefonnummer ist 02104 - 22 23.
0 21 04 / 22 23. Okay. Tschüss. **höflich:** ___ ___(5)	Vielen Dank, auf Wiederhören!

71

6b Hören Sie das Telefonat und vergleichen Sie mit Ihrer Version.

72

7a Telefonate mit anderen Abteilungen. Hören Sie und notieren Sie die Blutwerte.

Kleines Blutbild

Herr Sommer, Paul	**22.12.**
Kalium	
Calcium	
Natrium	
Hämoglobin	
Hämatokrit	
Thrombozyten	
Leukozyten	

72

7b Hören Sie noch einmal. Wo werden Abkürzungen gesprochen? Schreiben Sie diese in die Zeile neben den Begriffen.

Kalium = ________ Natrium = ________ Hämatokrit = ________ Leukozyten= ________

Calcium = ________ Hämoglobin = ________ Thrombozyten = ________

8 Schreiben Sie die Werte, wie man sie spricht.

Man schreibt:	**Man spricht:**
BZ 89	*BZ ist neunundachtzig.* oder: *Der Blutzucker ist neunundachtzig.*
Hb 17	
Hk 45	
Thrombos 340.000	
Leukos 10.500	
Na 145	*Natrium einhundertfünfundvierzig.*
K 5,1	
Ca 2,2	

9 Sie möchten ganz sicher sein, dass Sie richtig verstanden haben. Was sagen oder fragen Sie?

1. Meine Telefonnummer ist <u>0761 56 00 45</u>.

____

2. <u>Friedrich</u> am Apparat. Ich bin die Tochter von <u>Frau Krüger</u>.

____

3. Thrombos <u>290.000</u> – Leukos <u>9000</u>.

____

4. Ist das Blutbild von <u>Frau Krüger</u> schon da?

____

5. <u>Auf Station 15</u> wartet Herr Klein. <u>Hol ihn bitte ab</u>.

____

10 Dr. Kazanski telefoniert mit Pfleger Achim. Was sagt Dr. Kazanski? Schreiben Sie.

> Hat er sonst noch Beschwerden? • Haben Sie seinen Blutdruck schon gemessen? • Bis gleich. Dann geben Sie ihm bitte 2 Hybe Nitro®. • Kazanski, guten Tag. Sie haben mich angefunkt? Ich komme sofort vorbei und wir verlegen ihn auf die Intensivstation.

Pfl. Achim: Station 2, Pfleger Achim, guten Tag.

Dr. Kazanski: ____ (1)

Pfl. Achim: Ja, Herrn Evertz geht es nicht gut. Er hat ein Ziehen in der Brust.

Dr. Kazanski: ____ (2)

Pfl. Achim: Ja, der ist 160 zu 120.

Dr. Kazanski: ____ (3)

Pfl. Achim: Ja, er hat Schmerzen in den Armen.

Dr. Kazanski: ____ (4)

Pfl. Achim: 2 Hybe Nitro® gebe ich ihm sofort.

Dr. Kazanski: ____ (5)

Pfl. Achim: Gut, bis gleich.

Dr. Kazanski: ____ (6)

11a Ergänzen Sie den Dialog am Telefon.

> Ich hätte gern ... gesprochen • ich stelle ... durch • Einen Moment bitte. Ich möchte bitte ... sprechen. • Könnten Sie ihn übernehmen? • Tschüss!

Fr. Schröers: Klinikum Düsseldorf Mitte, Schröers, guten Tag.

Dr. Stahl Dr. Stahl, guten Tag. ____________________ den diensthabenden Gefäßchirurgen ____________ (1).

Fr. Schröers: Einen Moment bitte, ____________ Sie in die Ambulanz ____________ (2).

Sr. Jennifer: Ambulanz, Schwester Jennifer, guten Tag.

Dr. Stahl: Dr. Stahl, Talklinik Duisburg, guten Tag. ____________________ den diensthabenden Gefäßchirurgen ____________ (3).

Sr. Jennifer: ____ (4)

Dr. Lüttke: Lüttke.

Dr. Stahl: Stahl, Talklinik Duisburg, Innere. Guten Tag, Herr Lüttke, Sie sind der gefäßchirurgische Kollege?

Dr. Lüttke: Ja, das stimmt.

Dr. Stahl: Wir haben hier einen Patienten mit einem akuten Arterienverschluss im linken Bein. Der Patient ist vor 4 Monaten schon einmal bei Ihnen operiert worden. Es ist der Herr Sons.

Dr. Lüttke: Ach, der Herr Sons.

Dr. Stahl: ____ (5)

Dr. Lüttke: Natürlich, schicken Sie ihn gleich los.

Dr. Stahl: Vielen Dank.

Dr. Lüttke: ____ (6)

11b Hören Sie das Telefonat. Vergleichen Sie mit Ihrer Version. 73

Aussprache und Rechtschreibung

12a Hören Sie und notieren Sie die Werte.

Hb ______________________

Hk ______________________

Leukos ______________________

Thrombos ______________________

K ______________________

Na ______________________

Ca ______________________

12b Hören Sie noch einmal und sprechen Sie nach.

12c Schreiben Sie die Abkürzungen.

Hämoglobinwert ______________________ (1)

Hämatokritwert ______________________ (2)

Leukozyten ______________________ (3)

Thrombozyten ______________________ (4)

Kalium ______________________ (5)

Natrium ______________________ (6)

Calcium ______________________ (7)

13 Welcher Wert stimmt? Kreuzen Sie an.

Hk 39
- ☐ neununddreißig
- ☐ hundertneununddreißig
- ☐ dreiundneunzig

Thrombos 328.000
- ☐ dreihundertzweiundachtzigtausend
- ☐ achthundertzweiunddreißigtausend
- ☐ dreihundertachtundzwanzigtausend

Ca 3,2
- ☐ zwei Komma drei
- ☐ zweiunddreißig
- ☐ drei Komma zwei

Leukos 6.453
- ☐ viertausendsechshundertfünfunddreißig
- ☐ sechstausendvierhundertdreiundfünfzig
- ☐ sechstausendfünfhundertdreiundfünfzig

Grammatik

14 Verbinden Sie die Sätze mit *ob*.

Frau Klein fragt …	**Pfleger Achim gibt die Fragen an Dr. Stahl weiter.**
1. Hat meine Mutter die Narkose gut vertragen?	*Frau Klein fragt, ob* ______________________
2. Ist die Operation erfolgreich verlaufen?	______________________
3. Konnte man den Tumor entfernen?	______________________
4. Ist sie schon wieder aufgewacht?	______________________
5. Muss die Ernährung umgestellt werden?	______________________
6. Kann meine Mutter bald nach Hause?	______________________
7. Wird meine Mutter wieder gesund?	______________________

15 Verbinden Sie die Sätze mit *ob*.

1. Leider kann ich Ihnen nicht sagen. (Ihr Vater schon operiert wurde.)

____

2. Ich darf Ihnen leider keine Auskunft geben. (Ihre Freundin wird auf unserer Station behandelt.)

____

3. Ich rufe gleich in der Reha an. (Ein Termin ist frei.)

____

4. Dr. Stahl sagt Ihnen. (Die Behandlung hat angeschlagen.)

____

5. Pfleger Achim gibt Ihnen Auskunft. (Ihr Lebensgefährte ist auf die Intensivstation verlegt worden.)

____

16 Bilden Sie indirekte Fragesätze mit der passenden Satzverbindung.

Wann muss Herr Popov für den OP fertig sein? • Wie hat Herr Popov die Operation überstanden? Was haben die Blutwerte von Herrn Popov ergeben? • Sind Sie die Tochter von Herrn Popov? Mit wem spreche ich? • Kann Herr Popov heute schon Besuch von seiner Familie bekommen?

1. *Ich würde gerne wissen,* ______________________________
2. ______________________________
3. ______________________________
4. ______________________________
5. ______________________________
6. ______________________________

17 Gespräch mit einer Angehörigen nach einer Operation. Ergänzen Sie die Sätze.

1. Ich frage Schwester Svetlana, ob ______________________________
2. Dr. Kazanski ruft Sie an und sagt Ihnen, wie ______________________________
3. Wir sagen Ihnen auch Bescheid, wann ______________________________
4. Ich weiß leider nicht, wie lange ______________________________
5. Das hängt davon ab, was ______________________________

18 Ergänzen Sie *Könnt-, Entschuldigung, leider, gern, danke, mal, doch.*

1. ____________________, wie ist Ihre Telefonnummer?
2. Achim, ____________________ du mir beim Umbetten von Frau Krüger helfen?
3. Herr Evertz, ____________________ Sie bitte den Arm anheben? Dann kann ich sie besser waschen.
   Genau so, ____________________.
4. Die Operation war ____________________ nicht 100 % erfolgreich.
5. Klingeln Sie, wenn Sie etwas brauchen. Ich helfe Ihnen ____________________.
6. Könnten Sie sich bitte ____________________ aufsetzen? Das Frühstück kommt.
7. Wenn du sowieso ins Labor gehst, dann nimm ____________________ bitte diese Blutproben mit.
8. Könnten Sie ____________________ schnell in die Ambulanz kommen und Frau Krüger abholen?

75

1 Die Wirbelsäule. Hören und schreiben Sie.

seitliche Ansicht vordere Ansicht

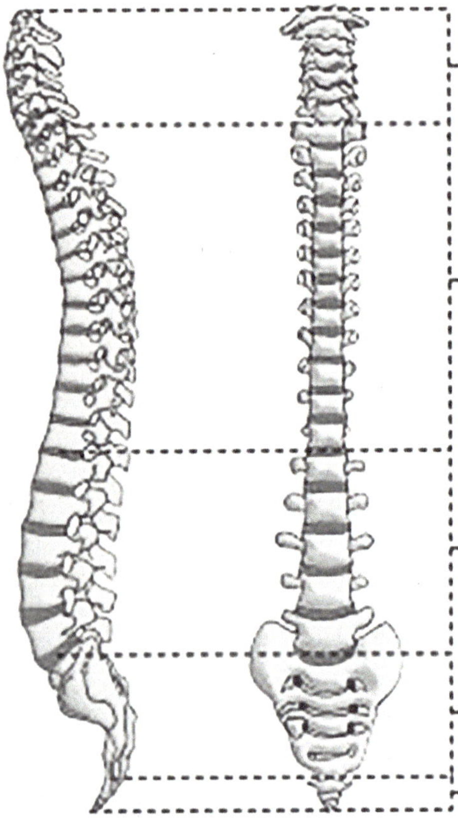

HWS = ______________________________

BWS = ______________________________

LWS = ______________________________

K______________________________

S______________________________

© evidence.de

76

2a Verbandwechsel. Hören und ergänzen Sie.

BWS • Tamponade • Steißbein • starke Schmerzen • Wundrand • Wundrand • Wundumgebung

Pfl. Achim: Bei Frau Sombrowski muss bitte noch der Verbandwechsel am ______________ (1) gemacht werden. Sie hatte gestern beim Verbandwechsel ______________________________ (2).

Sr. Susanne: Gut, dann geben wir ihr vor dem Verbandwechsel etwas gegen die Schmerzen. Wie sah die Wunde vorher aus?

Pfl. Achim: Vor einer Woche war der ______________ (3) gerötet und die Wunde war septisch mit viel eitrigem Sekret. Die ______________ (4) war schuppig und trocken. Wir haben die Wunde gespült und eine ______________ (5) eingelegt.

Sr. Susanne: Was ist mit der Wunde an der ______________________ (6)?

Pfl. Achim: Da ist kein Verband mehr nötig, die ist geheilt.

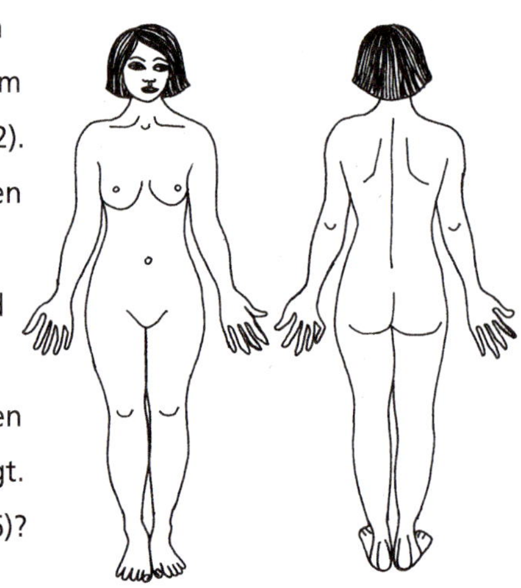

2b Wo ist die Wunde von Frau Sombrowski? Zeichnen Sie sie ein.

3 Was heißt das in Ihrer Sprache?

der Wundrand		gerötet	
die Wundumgebung		schuppig	
der Eiter		septisch	
das Sekret		die Tamponade	

4a Hören Sie: Was wird bei der Patientin gemacht? 77

____

4b Hören Sie noch einmal: Rekonstruieren Sie, wie Arzt und Pflegepersonal Informationen und Bitten formulieren. 77

Dr. Stahl: Guten Morgen, Frau Sombrowski.

Fr. Sombrowski: Guten Morgen, Herr Dr. Stahl.

Dr. Stahl: ____

____ (1)

(Befinden? Schmerzen?)

Fr. Sombrowski Ja, es geht schon besser. Ich habe ja eben Schmerztropfen bekommen.

Sr .Susanne: ____

____ (2)

(**Information:** Verband wechseln / **Bitte:** auf die Seite legen)

Fr. Sombrowski: Ja.

Dr. Stahl: ____

____

____ (3)

(**Information:** Verband abmachen – Wunde besser – Wunde kleiner als vor einer Woche – Wunde eitert weniger)

Fr. Sombrowski Da bin ich froh.

Dr. Stahl: ____

____ (4)

(**Information:** Wunde ist gereinigt – Foto für Dokumentation)

Sr. Susanne: ____ (5)

(**Information:** Maßband daneben legen)

Dr. Stahl: Gut. O.k., ____ (6)

Frau Sombrowski, ____ (7)

Schwester Susanne, ____ (8)

(**Information:** Foto fertig – Tamponade in Wunde – Wundauflage)

Sr. Susanne: Ja, hier ist sie.

Dr. Stahl: Danke. So, ____ (9)

(Verband fixieren – fertig)

5 Sie informieren die Patientin / den Patienten. Was sagen Sie?

Information und Bitte:	Das sagen Sie:
1. Verband wechseln, Bettdecke wegnehmen **Bitte**: auf die Seite drehen	Ich möchte
2. Verband abnehmen, Wundrand säubern **Bitte**: Arm heben	
3. Wunde fotografieren, Maßband anlegen **Bitte**: Arm heben	
4. Tamponade einlegen **Bitte**: Fuß ruhig halten und anheben	
5. Wunde nähen, Beruhigungsspritze geben, Wunde verbinden	

6a Lesen Sie die Wunddokumentation. Wo war die Wunde? Wie groß war sie?

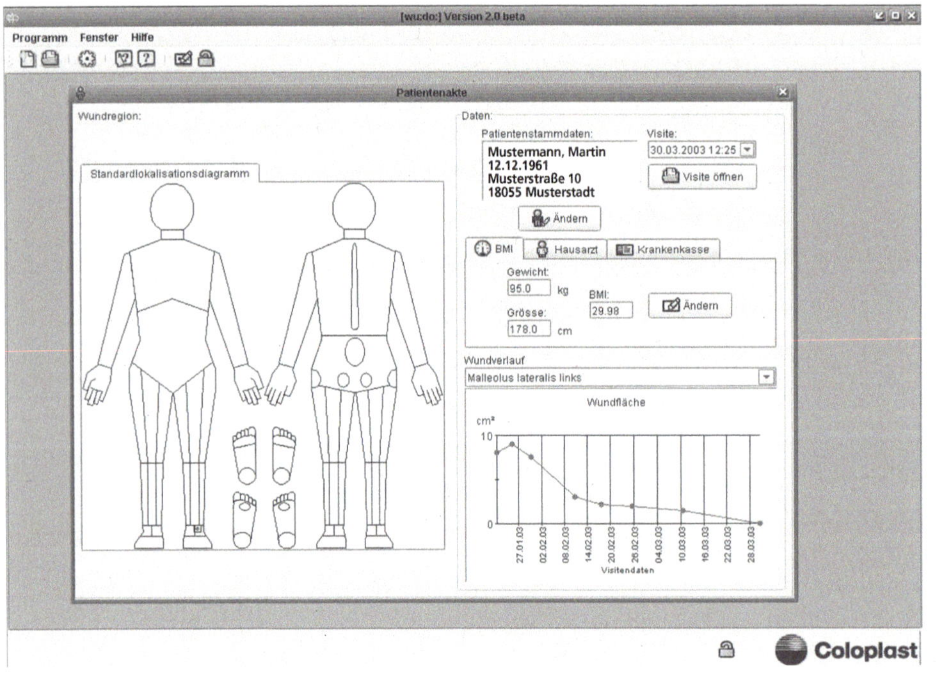

6b Was können Sie aus der Wunddokumentation in Aufgabe 6a ersehen?

Patient/Patientin ist männlich ☐ weiblich ☐

Name: ______________________________

Wie alt? ______________ Wie groß? ______________ Übergewicht ☐ Untergewicht ☐

6c Berichten Sie dem Arzt / der Ärztin über den Patienten und seine Wunde.

____

____

7a Wie beschreibt man eine Wunde? Ergänzen Sie die Tabelle.

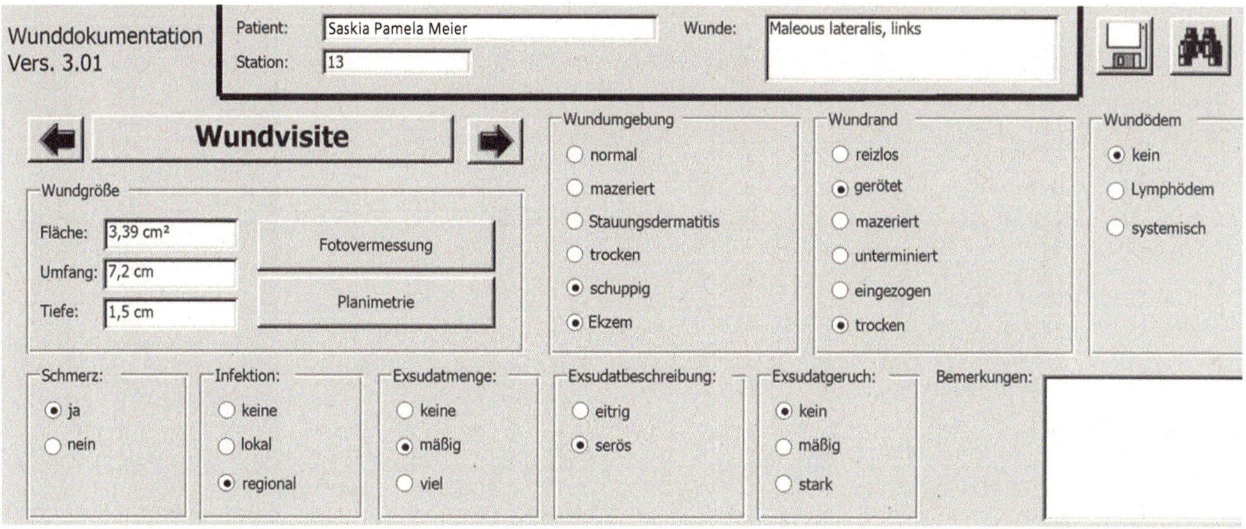

Wundumgebung	Wundrand	Infektion	Exsudatmenge	Exsudatgeruch

7b Wie heißen der Begriffe in der Wunddokumentation?

mazeriert • unterminiert • Exsudat • septisch • Sepsis • lokal • regional • Ödem • serös

1. Die Wunde ist durch Krankheitserreger verunreinigt. Die Wunde ist ______________________.
2. Die Wundflüssigkeit = ______________________ riecht stark.
3. Es besteht die Gefahr einer Blutvergiftung = ______________________.
4. Der Wundrand ist feucht aufgequollen. Er ist ______________________.
5. Es hat sich eine Wundhöhle gebildet. Die Wunde ist ______________________.
6. Aus der Wunde tritt Körperflüssigkeit aus. Die Wunde ist ______________________.
7. Die Wunde am Zeh ist am Wundrand infiziert. Sie ist ______________________ infiziert.
8. Die Wunde am Zeh hat den Fuß infiziert. Die Wundinfektion ist ______________________.
9. Das Bein ist durch Wasseranlagerung stark angeschwollen. Es hat sich ein ______________________ gebildet.

8 Schreiben Sie die Abkürzungen und das Symbol.

Zentimeter = ______________________ Body Mass Index = ______________________

Quadratzentimeter = ______________________ < > = ______________________

Aussprache und Rechtschreibung

9a Schreiben Sie links die Begriffe aus und rechts die Abkürzungen.

HWS ______________________ das Kreuzbein ______________________

BWS ______________________ das Steißbein ______________________

LWS ______________________

75

9b Hören Sie zum Vergleich Track 75 noch einmal. Sprechen Sie nach.

78

10a Hören Sie und ergänzen Sie die Wörter mit „Wunde".

die Wund______________________ der Wundrand______________________

die Wund______________________ das Wund______________________

die Wund______________________ die Wund______________________

die Wund______________________ die Wund______________________

78

10b Hören Sie noch einmal und sprechen Sie mit.

79

11a Hören Sie und schreiben Sie die Werte.

__________ __________ __________ __________

__________ __________ __________ __________

__________ __________ __________ __________

__________ __________ __________ __________

79

11b Hören Sie noch einmal und sprechen Sie mit.

80

12 Hören Sie und ergänzen Sie die fehlenden Wörter.

wechseln – Verband am ______________________ wechseln –

Wir möchten Ihren Verband am ______________________ wechseln.

gespült – die ______________________ gespült – Wir haben die ______________________ gespült.

______________________ – Foto für die ______________________ –

Wir machen ein Foto für die ______________________.

81

13 Hören Sie und ergänzen Sie die fehlenden Buchstaben.

entsprechend – den Umständen entsprechend – Es geht ihr den Umständen entsprechend.

Herz__ __ __ __ __ __ __ __ untersuchung – eine Herz__ __ __ __ __ __ __ __ untersuchung –

Wir planen eine Herz__ __ __ __ __ __ __ __ untersuchung.

Gefäß__ __ irurgen – den diensthabenden Gefäß__ __ irurgen –

Wo finde ich den diensthabenden Gefäß__ __ irurgen?

14 Schwierige Wörter: Lesen Sie laut.

gemacht werden – ein Verbandwechsel gemacht werden – Bei Frau Sombrowski muss ein Verbandwechsel gemacht werden.
am Steißbein – von der Wunde am Steißbein – Wir machen ein Foto von der Wunde am Steißbein.
wechseln – den Verband wechseln – Wir möchten den Verband wechseln.
ist kleiner geworden – am Fußrücken ist kleiner geworden – Die Wundfläche am Fußrücken ist kleiner geworden.

Grammatik

15 Ergänzen Sie die Adjektive im Komparativ.

1. Frau Krüger hatte heute ________________ (stark) Schmerzen als gestern.
2. Ihr Blutdruck ist heute ________________ (hoch) als gestern.
3. Ihre Blutwerte sind ________________ (kritisch) als letzte Woche.
4. Ihre Wunde am Fuß ist ________________ (groß) als vorgestern.
5. Ihr Zustand ist heute ________________ (schlecht) als gestern.
6. Herr Evertz hatte heute ________________ (gut) Blutwerte als vor zwei Tagen.
7. Sein Blutdruck ist jetzt ________________ (niedrig) als heute Morgen.
8. Er hat heute ________________ (viel) gegessen als gestern.
9. Er hat seine Atemgymnastik heute ________________ (gern) gemacht als sonst.
10. Er wirkt heute ________________ (gesund) als letze Woche.

16 Bleibt das Adjektiv unverändert (Positiv) oder wird es gesteigert (Komparativ)? Schreiben Sie.

1. Frau Evertz, es geht Ihrer Mutter den Umständen entsprechend ________________ (gut).
2. Es geht ihr ________________ (gut) als vor der Operation.
3. Die Operationswunde heilt ________________ (schnell) als normal.
4. Der Puls Ihrer Mutter ist ein bisschen zu ________________ (schwach) und der Blutdruck ist ________________ (hoch) als normal, aber die Blutwerte sind ________________ (normal).
5. Ihre Mutter hat Übergewicht und wiegt ________________ (viel) als gut für sie ist.
6. Aber wenn der Heilungsprozess weiter so ________________ (gut) verläuft, wird sie bald nach Hause entlassen.

17 Ergänzen Sie das passende Adjektiv im Positiv oder Komparativ.

weich • nass • gerötet • klein • schwach • groß • stark

1. Ihre Wunde sieht schon viel besser aus. Die Wundumgebung ist trocken, nicht mehr so ________________ wie letzte Woche.
2. Der Wundrand ist nicht ________________, die Farbe ist normal, die Entzündung ist abgeklungen.
3. Die Wunde ist nur noch circa 2 cm^2 groß. Das ist gut, die Wunde ist nicht mehr so ________________ wie vor sieben Tagen.
4. Sie ist ________________ geworden.
5. Die Wunde eitert auch nicht mehr so ____________, der Geruch des Exsudats ist ____________ als letzte Woche.
6. Der Wundrand ist ____________, letzte Woche war er hart.

18 Ergänzen Sie die Adjektive im Positiv, Komparativ oder Superlativ.

schnell	*schneller*	*am schnellsten*	groß		
	niedriger		hart		
		am trockensten	gut		am besten
schuppig			viel		am meisten
		am langsamsten	hoch		am höchsten
stark			gern		am liebsten

1 Der erste Arbeitstag

1 *Sr. Svetlana:* Guten Morgen. Ich bin Svetlana Petrova.
Pfl. Achim: Herzlich willkommen, Svetlana. Wir Schwestern und Pfleger duzen uns hier auf der Station. Ich bin Achim.
Sr. Svetlana: Duzen? Wie bitte?
Pfl. Achim: Wir sagen „du" zu den Kollegen.
Sr. Svetlana: Ach so. – Entschuldigung, wie ist dein Name?
Pfl. Achim: Mein Name ist Achim. A – c – h – i – m.
Sr. Svetlana: Danke.

2a-c *begrüßen:* Ich heiße … – Hallo! – Guten Tag! – Guten Morgen! – Grüß Gott! – Guten Abend! – Herzlich willkommen!
sich vorstellen: Ich komme aus … – Ich bin … – Ich heiße …
jem. vorstellen: Ich stelle Ihnen … vor. – Ich stelle dich … vor. – Hier ist …
sich verabschieden: Bis später! – Tschüss! – Auf Wiedersehen!
nachfragen: Entschuldigung, wie heißen Sie? – Woher kommen Sie? – Woher kommst du? – Wie bitte? – Können Sie das wiederholen? – Wie schreibt man das? – Wie ist dein Name?

3 *Musterlösung:*
Guten Tag, Herr Dr. Stahl. Ich bin Schwester …
Guten Tag – Entschuldigung, wie heißen Sie?
Ich komme aus …
Bis später!

4 die Oberärztin – Frühstück bringen / der Stationsarzt – Betten machen / die Assistenzärztin – Patienten baden / die Pflegedienstleitung – operieren / die Krankenpflegerin – Diagnose stellen / der Krankenpflegeschüler – ein EKG auswerten / der Sozialberater – Infusion legen

5 Oberarzt / Stationsleitung / Krankenpflegeschülerin / Krankenschwester / Arzt

6 *Sie:* Oberarzt / Ärztin / Pflegedienstleitung / Patient / Hausmeister / Servicekraft in der Kantine / unbekannte Person
du: Pflegepersonal / Verwandte / Freund

7 1 der Vorhang / 2 die Jalousie = das Rollo / 3 das Tablett / 4 die Heizung / 5 das Bett / 6 die Lampe / 7 das Telefon / 8 der Nachtschrank

8 1. richtig / 2. richtig / 3. falsch / 4. richtig

9 1. 16 / 2. 9 / 3. 32 / 4. 12 / 5. 22-25

10 Frau Schmitz: 10 / Frau Meier: 11 / Herr Demir: 16 / Herr Huber: 12 / Herr Evertz: 15 / Herr Oehme: 13 / Herr Rosenbaum: 14 / Frau Brudereck: 9

11 2 J, 3 A, 4 E, 5 F, 6 B, 7 I, 8 D, 9 H, 10 G

12 1. 8.00 – 16.30 Uhr / 2. 11.30 – 19.30 Uhr / 3. um 08.00 Uhr

13 Montag, Dienstag, Mittwoch, Donnerstag, Freitag, Samstag = Sonnabend, Sonntag.

14 23, 20, 4, 17, 19, 1, 14
siebzehn, fünfundzwanzig, null, sechs, vierundzwanzig

15b 18 – achtzehn / 80 – achtzig / der 8. – der achte
15 – fünfzehn / 50 – fünfzig / der 5. – der fünfte
13 – dreizehn / 30 – dreißig / der 3. – der dritte
16 – sechzehn / 60 – sechzig / der 6. – der sechste
19 – neunzehn / 90 – neunzig / der 90. – der neunzigste
17 – siebzehn / 70 – siebzig / der 70. – der siebzigste
10 – zehn / der 10. – der zehnte
11 – elf / der 11. – der elfte
12 – zwölf / der 12. – der zwölfte

16 65 – fünfundsechzig / 32 – zweiunddreißig / 94 – vierundneunzig

17b die Pflegedienstleitung
der Krankenpfleger – die Krankenschwester
der Arzt – die Ärztin
der Assistenzarzt – die Assistenzärztin
der Krankenpflegeschüler – die Krankenpflegeschülerin
der Sozialberater – die Sozialberaterin
der Oberarzt – die Oberärztin

17c der Kranken-pfleger – der/die Kranke, der Pfleger, der Krankenpfleger / Kranken-schwester – der /die Kranke, die Schwester, die Krankenschwester / Assistenz-arzt – die Assistenz, der Arzt, der Assistenzarzt / Assistenz-ärztin – die Assistenz, die Ärztin, die Assistenzärztin / Kranken-pflege-schüler – der/die Kranke, die Pflege, der Schüler, der Krankenpflegeschüler / Kranken-pflege-schülerin – der/die Kranke, die Pflege, die Schülerin, die Krankenpflegeschülerin / Sozial-berater – sozial (Adjektiv), der Berater, der Sozialberater / Sozial-beraterin – sozial (Adjektiv), die Beraterin, die Sozialberaterin / Ober-arzt – ober (= oben, Adverb), der Arzt, der Oberarzt / Ober-ärztin – ober (= oben, Adverb), die Ärztin, die Oberärztin

17d Regel: Für das ganze Wort ist der Artikel des **letzten** Nomens im Wort maßgeblich.

18 *mit Nominativ*: 1., 5. / *mit Akkusativ*: 3., 4., 7., 9. / *mit Dativ*: 2., 6., 8.

19

Subjekt	Verb	Ergänzung	Satzende
Ich	untersuche	Sie.	
Ich	helfe	Ihnen.	
Ich	messe	Ihnen	Fieber.
Ich	mache	das Licht	an.
Ich	mache	das Fenster	auf.
Sr. Svetlana	ist	die neue Schwester.	

20 1. Sie / 2. Ihnen / 3. Ich, mir / 4. Wir, mir / 5. dir, Sie, sie / 6. Sie, sie / 7. Sie / 8. Es / 9. Er, Sie

21 2. Sie heißt Frau Krüger. / 3. Es geht ihr besser. / 4. Sie möchten das Bett machen. / 5. Es liegt auf dem Nachtschrank.

22 1. du mir / 2. ihr mir / 3. dich / 4. du mich? dir / 5. euch / 6. mich, Ihnen / 7. Ihnen

23 2. euch / 3. dir / 4. Ihnen / 5. Ihnen

24 2. Wem geht es nicht gut? 3. Wen untersucht Dr. Kazanski? 4. Wer untersucht Herrn Evertz? 5. Was brauchst du? 6. Was ist im Schrank? 7. Wer hilft mir? 8. Wem helfe ich?

2 Das Krankenhaus

1 2 E, 3 J, 4 H, 5 B, 6 K, 7 L, 8 D, 9 P, 10 C, 11 N, 12 G, 13 I, 14 O, 15 A, 16 M

2 2. beraten Sozialarbeiter Angehörige und Patienten. 3. stellen Apotheker Medikamente bereit. 4. machen Ärztinnen/Ärzte Ultraschallaufnahmen. 5. operieren Ärzte/Ärztinnen Kranke. 6. melden sich Patienten an. 7. machen medizinisch-technische Radiologieassistenten (MTRA) Röntgenaufnahmen. 8. liegen sehr kranke oder frisch operierte Patienten. 9. schreiben ausgebildete Pfleger und Ärzte Elektrokardiogramme. 10. helfen Krankengymnastinnen und -gymnasten mit Übungen und Massagen. 11. schreibt die Pflegedienstleitung Dienstpläne.

3 die Aufnahme – aufnehmen / das Röntgen – röntgen / die Therapie – therapieren / die Pflege – pflegen / die Untersuchung – untersuchen

4 *waagerecht:* 1 GYNÄKOLOGIE / 2 PHYSIOTHERAPIE / 3 STERILISATION / 4 APOTHEKE / 5 RÖNTGEN / 6 AMBULANZ / 7 OP
senkrecht: 8 EKG / 9 HNO / 10 PROSEKTUR / 11 DERMATOLOGIE / 12 CHIRURGIE / 13 LABOR / 14 SONOGRAPHIE
Lösungswort: HEILEN

5 2. Fahren Sie in den 7. Stock, die Dermatologie ist links neben der HNO-Station.
3. ... in den 1. Stock, die Personalabteilung ist links neben dem Sozialdienst.
4. ... in den Keller, die Cafeteria ist zwischen dem Kiosk und der Küche.
5. ... in den Keller, die Physiotherapie ist zwischen der Küche und der Prosektur.
6. ... in den 4. Stock.
7. Die Ambulanz ist (hier) im Erdgeschoss zwischen (dem) Röntgen und (der) Endoskopie.

6a-b Im ersten Stock ist das Labor und das EKG. Im dritten Stock ist die Pflegedienstleitung und die Sonographie. Im vierten Stock ist der OP und die Intensivstation. Im fünften Stock ist die dermatologische Station / Dermatologie und die chirurgische Station / Chirurgie. Im Erdgeschoss ist die Ambulanz und das Röntgen. / Im Keller ist die Physiotherapie.

7 2. die dritte Tür links. 3. die zweite Tür rechts. 4. die zweite Tür links. 5. die erste Tür links. 6. die dritte Tür rechts. 7. die vierte Tür links. 8. die fünfte Tür links.

8 2. Frau Yildirim ist in der Ambulanz. 3. Herr Huber ist im Röntgen. 4. Herr Öhme ist im Aufenthaltsraum. 5. Frau Brudereck ist im EKG. 6. Frau Schmidt ist in der Gynäkologie. 7. Herr Evertz liegt in Zimmer 15. 8. Lena Meier ist im OP.

9a 2. Nehmen Sie die alten Röntgenbilder von Herrn Evertz mit. 3. Bringen Sie das Blut ins Labor und stellen Sie es dort vor der Tür links ab. 4. Rufen Sie die Befunde vom Computer ab. 5. Holen Sie einen Rollstuhl. 6. Fahren Sie Frau Krüger in einem Rollstuhl zum EKG. 7. Rufen Sie die Tochter von Frau Krüger an. 8. Holen Sie Frau Krüger beim EKG ab. 9. Schicken Sie den Sozialdienst zu Frau Lange. 10. Gehen Sie mit Herrn Wirtz zur Physio(therapie).

9b 2. Räum bitte die Zimmer auf. 3. Hilf bitte den Patienten beim Waschen. 4. Bade bitte Frau Krüger. 5. Dokumentiere bitte die Grundpflege im Pflegebericht. 6. Miss bitte morgens und mittags die Temperatur von Herrn Wirtz.

9c 2. Messt den Blutdruck von Frau Krüger stündlich. 3. Achtet bei Frau Krüger auf die neue Medikamentierung. 4. Fahrt Frau Krüger in einem Rollstuhl in den Garten. 5. Gebt Frau Puschmann viel zu trinken. 6. Messt die Temperatur von Frau Puschmann.

10 1. C, 2. D, 3. A, E, 4. B, D, 5. E

11 1. Was muss bis wann fertigwerden? 2. Wen soll ich wohin bringen? 3. Wer kommt wann / um wie viel Uhr? 4. Wer hilft mir ab wann? 5. Wo ist die Pflegedienstleitung? 6. Wer soll wem helfen?

12 2. ich soll das Steckbecken ausspülen und desinfizieren? 3. ich soll einen Rollstuhl aus dem Geräteraum holen? 4. ich soll Frau Puschmann in den Aufenthaltsraum begleiten? 5. ich soll Frau Öhme an der Ambulanz abholen? 6. ich soll mit den Angehörigen von Frau Krüger sprechen? 7. Frau Krüger soll vor der OP kein Frühstück bekommen / ich soll daran denken, dass Frau Krüger vor der OP kein Frühstück bekommt? 8. ich soll die Temperatur von Frau Krüger in die Fiebertabelle eintragen? 9. ich soll die Tochter von Frau Krüger anrufen und sagen, dass sie heute entlassen wird? / Sie wird heute entlassen?

13 1. EKG, Schwester Arzu. Frau Lange soll zum EKG gehen. 2. Endoskopie, Pfleger Denis. Dr. Stahl soll in die Endoskopie kommen. 3. Röntgen, Dr. Möller. Dr. Kazanski soll ins Röntgen kommen und die alten Röntgenbilder von Frau Krüger mitbringen.

14a 14 – 40 – der 4. / 18 – 80 – der 8. / 15 – 50 – der 5. / 13 – 30 – der 3. / 16 – 60 – der 6. / 19 – 90 – der 90. / 17 – 70 – der 70. / 10 – der 10. / 11 – der 11. / 12 – der 12.

14c vierzig / achtzig / fünfzig / dreißig / sechzig / neunzig – der neunzigste / siebzig – der siebzigste

15 dreiundneunzig – neununddreißig – fünfunddreißig – drei – vierundzwanzig – zweiundvierzig – achtundsiebzig – siebenundachtzig – (ein)hundertsechsundfünfzig – (ein)hundertfünfundsechzig – dreihundertzweiundsiebzig – dreihundertsiebenundzwanzig – vierhundertfünfundneunzig – neunhundertvierundfünfzig – fünfhundertvierundneunzig – fünfhundertneunundneunzig – neunhundertachtzehn – neunhunderteinundachtzig – (ein)tausendvierhundertdreiundvierzig – (ein)tausenddreihundertvierunddreißig – siebentausendvierhundertzweiunddreißig – vertausenddreihundertsiebenundzwanzig – zweitausendvierhundertsiebenunddreißig – dreitausendsiebenhundertzweiundvierzig

16 1. zum – in den – aus dem 2. in den – im – in 3. auf den – zu 4. auf dem 5. zur – auf die – vor der

17 1. in das Zimmer 2. in das (= ins) Sekretariat, zu dem (= zum) Chefarzt 3. auf den Tisch 4. auf dem Tisch 5. in den Geräteraum, in die Ambulanz, in den Aufenthaltsraum 6. auf den Stuhl, auf das Bett, auf die Liege 7. bei der Krankengymnastik, bei dem (= beim) Arzt, bei der Ärztin 8. durch den Aufenthaltsraum, durch die Glastür 9. zu dem (= zum) WC, vor der Tür, 10. in das (= ins) EKG, in den OP, in die Aufnahme

18 1. in den 2. im 3. neben der 4. im 5. auf die 6. in die / zu 7. vor der 8. in den, auf den

19 2. ..., du sollst die Medikamente in den Medikamentenschrank einsortieren. 3. die ärztliche Verordnung lesen. 4. die Dispenser beschriften. 5. die Medikamentenpackungen erst kurz vor dem Einsortieren öffnen. 6. die Medikamente auf die Dispenser verteilen. 7. die Medikamente an die Patienten verteilen. 8. die Medikamentenverabreichung dokumentieren.

3 Betten, Waschen und Prophylaxen

1 Wäschewagen herrichten, vorbereiten / Patienten informieren / schmutzige Bettwäsche abziehen / schadhafte Bettwäsche aussortieren / Hände desinfizieren / saubere Bettwäsche aufziehen /

Stecklaken einspannen / Laken glatt ziehen / Bett machen / Kopfkissen aufschütteln

2a 1 machen 2 Stehen … auf 3 helfe 4 Setzen … sich 5 ziehe … ab 6 schüttel … auf 7 ziehen … glatt 8 stecke 9 hole 10 machen 11 Brauchen

3 1. falsch 2. richtig 3. falsch 4. richtig 5. falsch

4b 2 D, 3 G, 4 K, 5 F, 6 E, 7 C, 8 A, 9 H, 10 I, 11 B

5 2. Antithrombosestrümpfe 3. Atemgymnastik 4. Trinkplan 5. Rollator 6. ballaststoffreiche Ernährung und viel trinken 7. viel trinken und Unterkühlung vermeiden 8. Mundhygiene und Anregung der Kautätigkeit 9. Krankengymnastik und Physiotherapie 10. Hautfalten trocken halten 11. beim Essen aufrecht sitzen

6 2 K, 3 F, 4 H, 5 G, 6 A, 7 E, 8 D, 9 J, 10 I, 11 B

7a-b Ich wasche Ihnen jetzt das Gesicht. – Waschlappen, Seife / Ich creme Ihnen jetzt das Gesicht ein. – Creme / Ich putze Ihnen jetzt die Zähne. – Zahnpasta, Zahnbürste, Zahnputzbecher / Ich nehme jetzt Ihr Gebiss heraus und reinige es. – Zahnputzbecher, Gebissreiniger / Ich setze Ihnen Ihr Gebiss jetzt wieder ein. / Ich wasche Ihnen jetzt die Haare. – Shampoo / Ich kämme Ihnen jetzt die Haare. – Kamm / Ich bade Sie jetzt. – Badezusatz / Ich trockne Sie jetzt ab. – Handtuch

8 *waagerecht:* DEKUBITUS, ZYSTITIS, DEHYDRATION, THROMBOSE, SOORPAROTITIS, OBSTIPATION, KONTRAKTUR, ASPIRATION, INTERTRIGO; *senkrecht:* PNEUMONIE

9 Sturz / Lungenentzündung / Verstopfung / Austrocknung / Gelenksteife

11 2. Ich ziehe die schmutzige Bettwäsche ab. 3. Ich ziehe das Laken glatt. 4. Ich spanne ein Stecklaken ein. 5. Ich sortiere die beschädigte Bettwäsche aus.

12 1 Ich schüttle es auf. 2 Ich spanne es ein. 3 Ich hebe ihn auf. 4 Ich nehme sie heraus. 5 Ich rufe sie an. 6 Ich mache es zu.

13 1. ihr 2. ihn – Er 3. ihnen 4. ihn 5. es ihr

14 1. sich – mich 2. sich – mir 3. sich – mir 4. sich – mir

15 1 Ihnen 2 mir 3 ihn 4 Ihnen 5 sich 6 Es 7 es Ihnen 8 mir 9 Er 10 mir 11 ihn 12 sich 13 Sie

4 Körper und Beschwerden

1 2 der Bauch, 3 die Brust, 4 die Achsel, 5 der Rücken, 6 die Schulter, 7 der Nacken, 8 der Hals, 9 das Kinn, 10 das Ohr, 11 das Knie, 12 der Mund, 13 die Nase, 14 das Auge, 15 die Stirn, 16 der Genitalbereich, 17 das Haar, 18 der Kopf, 19 die Hüfte, 20 die Leiste, 21 der Ellbogen, 22 der Oberarm, 23 der Unterarm, 24 die Hand, 25 der Finger, 26 der Fuß, 27 der Po / das Gesäß, 28 der Oberschenkel, 29 die Zehe / der Zeh, 30 die Ferse, 31 die Wade, 32 der Unterschenkel

2 2. Nacken, 3. Hüfte, 4. Gesäß, 5. Zahn, 6. Bauchnabel, 7. Leiste

3 *Fragen:* Wie geht es Ihnen? Was für Beschwerden haben Sie? Tut das weh?
Anweisungen: hinstellen / hochheben / heben / sich legen / anheben / drücken

4 *Kopf:* drehen, heben, senken, anheben
Nase: einatmen, ausatmen
Rücken: drehen, beugen, sich legen, strecken
Augen: drehen, senken, sehen, öffnen, schließen
Bein: biegen, stehen, sich stellen, drehen, heben, beugen, drücken, anheben, strecken
Arm: biegen, drehen, heben, beugen, drücken, senken, anheben, strecken
Mund: öffnen, schließen, einatmen, ausatmen
Fuß: stehen, sich stellen, drehen, heben, drücken, anheben
Hand: drehen, heben, öffnen, schließen, drücken, anheben, greifen, strecken

5 2. Biegen und strecken Sie den Arm. 3. Heben und senken Sie die linke Schulter. 4. Drehen Sie den Kopf nach rechts. 5. Schließen Sie die Augen. 6. Atmen Sie tief ein und aus. 7. Öffnen Sie den Mund. 8. Schließen Sie die Hand. 9. Heben Sie das linke Bein an. 10. Legen Sie sich auf den Bauch. 11. Drücken Sie den rechten Fuß gegen meine Hand.

6a 1 der Kopf, 2 die Ohren, 3 der Hals, 4 der Bauch, 5 der Arm, 6 der Fuß

6b 2. Ohren – Ohrenschmerzen. 3. Hals – Halsschmerzen. 4. Bauch – Bauchschmerzen. 5. Mein Arm tut mir weh. – Armschmerzen. 6. Ich habe Fußschmerzen. – Fuß

7 2. 10 / 3. 14 / 4. 18 / 5. 2 / 6. 25 / 7. 23 / 8. 19 / 9. 28 / 10. 8 / 11. 11 / 12. 28, 31, 32 / 13. 3

8 *Befinden:* Wie geht es Ihnen? Geht es Ihnen heute besser?
Beschwerden: Haben Sie Schmerzen? Was für Beschwerden haben Sie? Was tut Ihnen weh? Haben Sie Fieber? Tut es hier weh? Was genau tut weh?
Dauer (Zeit) des Schmerzes: Wie lange haben Sie die Schmerzen schon? Haben Sie die Schmerzen auch nachts?
Schmerz lokalisieren: Wo genau tut es weh? Rechts oder links? Oben oder unten? Können Sie die Zehen bewegen? Welcher Fuß tut weh?

9a 1. nicht so gut 2. braucht beim Waschen Hilfe 3. beim Ausziehen

9b Sie wäscht den Rücken und die Beine.

10 1. am rechten Fuß an der Ferse 2. drückend 3. nein

11 1 Guten Tag, Frau Neuer. Wie geht es Ihnen?
2 Wo genau haben Sie die Schmerzen? 3 Rechts oder links?
4 Werden die Schmerzen stärker, wenn ich hier drücke? 5 Seit wann haben Sie die Bauchschmerzen an dieser Stelle? 6 Wie ist der Schmerz denn genau? Pochend oder ziehend? 7 Strahlen die Schmerzen aus?

13 1. Ihr Bauch tut weh? 2. An welcher Stelle tut er weh? 3. Wie lange tut der Bauch schon weh? 4. Ist der Schmerz stechend oder drückend um den Bauchnabel? 5. Ich taste Ihren Bauch jetzt ab.
1. Ihr Kopf tut weh? 2. Sind die Schmerzen eher an der Stirn oder im Hinterkopf? 3. Seit wann haben Sie Kopfschmerzen? 4. Zieht der Schmerz in die Augen und Ohren? 5. Vielleicht machen wir eine MRT.
1. Die Schmerzen sind am Rücken? 2. An den Schultern? 3. Wie lange tut der Rücken schon weh? 4. Sind die Schmerzen ziehend oder stechend? 5. Ich sehe mir Ihren Rücken jetzt an.

14a die Hand, die Hände / der Finger, die Finger / das Bein, die Beine / der Fuß, die Füße / der Zeh, die Zehen / das Auge, die Augen / das Ohr, die Ohren / der Zahn, die Zähne

15a Halsschmerzen – starke Halsschmerzen – Der Patient hat starke Halsschmerzen.
Kopfschmerztablette – eine Kopfschmerztablette – Ich gebe Ihnen eine Kopfschmerztablette.
Unterarmfraktur – eine Unterarmfraktur – Sie haben eine Unterarmfraktur.
gebrochen – ist gebrochen – Ihr Oberschenkel ist gebrochen.
Lungenentzündung – eine Lungenentzündung – Sie haben eine Lungenentzündung.

16 2. damit Sie den Rücken trainieren. 3. damit Sie nicht stürzen. 4. damit Sie sich nicht verschlucken. 5. damit Sie kein Druckgeschwür bekommen. 6. damit Sie keine Verstopfung bekommen. 7. damit Sie sich erholen.

17 1 D, 2 C, 3 A, 4 B

18 1. ihren – ihre 2. Ihr 3. Sein 4. seiner – Seine 5. seine 6. Ihre – ihr

19 1. Ihre Schulter – Ihren Fuß – Ihr linkes Bein – Ihre Arme. 2. Ihre Augen – Ihre Hände – Ihre Hand – Ihren Mund – Ihr rechtes Auge. 3. Ihrem Ellbogen – Ihrer Nase – Ihrer Hand – Ihren Händen – Ihrer Wade? 4. deine linke Schulter – deine Füße – dein Bein – deinen Kopf. 5. deinen Ohren – deinem Fuß – deinem Bein – deiner Schulter – deiner Ferse? 6. deinen Fuß – deine Verletzung an der Hand – deine Zunge – dein Knie – deine Zehen.

20 1. ihr, 2. ihr, 3. ihnen, 4. ihm, 5. mir – es, 6. ihr, 7. ihn, 8. sie

21 1. Ihr – sie, 2. Ihrer – er, 3. Ihren – sie, 4. Ihr – ihn, 5. Ihre – sie

5 Essen

1 *das Geschirr:* 2 die Kaffeekanne, 4 das Milchkännchen, 12 die Tasse, 15 die Untertasse, 18 der Teller, 21 der Eierbecher, 23 der Salzstreuer, 24 die (Müsli-)Schale / das Schälchen
das Besteck: 9 das Brotmesser, 17 der Eierlöffel, 19 das Messer, 20 die Gabel, 25 der kleine Löffel / der Teelöffel
das Getränk: 4 die Milch, 11 der Tee, 29 der Kaffee
(die) Hygiene: 16 die Serviette
(das) Nahrungsmittel: 1 der Käse, 3 das Brötchen, 5 die Brotscheibe, 6 das Brot, 7 der Honig, 8 die Konfitüre / die Marmelade, 10 die Butter, 13 die Margarine, 14 der Süßstoff, 22 das Ei, 23 das Salz, 26 der Quark / das Müsli, 27 der Apfel, 28 die Wurst, 30 der Zucker 31 der Schinken

2 *Obst und Gemüse:* Apfel, Banane, Orange, Salat, Kiwi, Kartoffeln, Zwiebel
Milchprodukte: Käse, Quark, Buttermilch, Joghurt, Butter, Kondensmilch, Sahne, Kefir
Getreide und Backwaren: Brötchen, Knäckebrot, Toast, Nudeln, Reis, Croissant, Kuchen, Mehl
Tierische Lebensmittel: Fleisch, Schinken, Wurst, Braten, Fisch

3 1. Serviette, 2. Müslischale, 3. Margarine, 4. Brötchen, 5. Brot, 6. Süßstoff

4 *Richtig:* 2, 4, 5

5 2. Soll ich Ihnen das Frühstück reichen? 3. Was möchten Sie zum Frühstück trinken? 4. Kann ich Ihnen / Soll ich Ihnen beim Frühstücken helfen? 5. Soll ich das Kopfteil höher stellen? 6. Möchten Sie Marmelade oder Honig? 7. Soll ich Schinken oder Käse auf das Brot tun? 8. Möchten Sie Kaffee oder Tee trinken?

6a 1 Diabetes, 2 zuckerkrank, 3 (Diabetes-)Diät, 4 Ernährungsberatung

6b 1. Sie sind zuckerkrank. 2. Sie bekommen eine Ernährungsberatung. 3. Sie bekommen eine Patientenschulung, da lernen Sie das. 4. Ich verstehe, dass Sie sich Sorgen machen. 5. Sie schaffen das.

6c 1 Ihr Vater hat Diabetes. 2 Er ist zuckerkrank. 3 Doch, aber er muss eine Diät einhalten. Er bekommt eine Ernährungsberatung. 4 Dort lernt er, wie man bei Diabetes richtig isst / wie man eine Diabetesdiät macht. 5 Ja, er bekommt auch eine Patientenschulung.

7 1 C, 2 A , 3 B

8 2. Hochkalorische Kost 3. Vollkost 4. Reduktionskost 5. Diabetesdiät 6. pürierte Kost

9 2. Frau Sarlimaz hat Übergewicht. Sie bekommt kalorienreduzierte Kost. 3. Herr Evertz hat Diabetes. Er muss eine Diabetesdiät einhalten. 4. Frau Erdogan möchte keine tierischen Produkte essen. Sie bekommt vegane Kost. 5. Frau Krüger möchte kein Fleisch essen. Sie bekommt vegetarische Kost. 6. Frau Frei hat keine Zähne. Sie bekommt pürierte Nahrung. 7. Frau Schmitt hat Demenz. Sie bekommt hochkalorische Zusatztrinknahrung. 8. Frau List hat Normalgewicht und normale Cholesterinwerte. Sie bekommt Vollkost.

10 2. zunehmen. 3. Insulin verabreicht bekommen und eine Diabetesdiät machen. 4. den Darm schonen und Schonkost essen.

11 1. Ich hätte gerne einen Termin 2. Am Mittwoch, den 12. um 10 Uhr.

12 1. Station 13, Schwester Susanne, Guten Tag. Ich hätte gerne einen Termin für Frau Krüger, sie hat Rückenprobleme. 2. Am Donnerstag, den 24. um 8.30 Uhr? 3. Sie heißt Frau Krüger. 4. Danke, auf Wiederhören.

13 1. Am Montag, dem zweiundzwanzigsten Zwölften um sechzehn Uhr dreißig / halb fünf. 2. Am Mittwoch, dem vierzehnten Ersten um zehn Uhr fünfzehn / Viertel nach zehn. 3. Am Freitag, dem einunddreißigsten Siebten um sieben Uhr fünfundvierzig / Viertel vor acht.

14 2. Wann soll er / Herr Evertz kein Frühstück bekommen? 3. Welcher Termin ist falsch? Wann soll er / Herr Klein zum Röntgen kommen?

15 1 Namen, 2 Kost, 3 Schweinefleisch, 4 alles, 5 Magenprobleme, 6 Diabetesdiät, 7 Aufbaukost, 8 Fleisch, 9 abschicken, 10 Küche

16a-b Zuerst musst du den Computer hochfahren und den Bildschirm anschalten. Dann musst du das Programm für die Essensbestellung starten. Du musst mit der Maus in die Zeile mit dem Namen des Patienten gehen und rechts die Kost anklicken und die Mahlzeit eintragen. Jetzt musst du den Button „an die Küche abschicken" anklicken und die Bestellung abschicken. Du musst das Programm schließen und den Computer runterfahren. Dann musst du den Bildschirm ausschalten.

17 2. schweinefleischfreie Kost. 3. hochkalorische Kost. 4. zuckerfreie Kost. 5. kalorienreduzierte Kost. 6. Vollkost.

18a bleiben – nüchtern bleiben – Sie müssen heute nüchtern bleiben.

Essen reichen – Frau Krüger Essen reichen – Kannst du bitte Frau Krüger Essen reichen?
Aufbaukost – bekommen Aufbaukost – Sie bekommen Aufbaukost.
zu hoch – sind zu hoch – Ihre Blutzuckerwerte sind zu hoch.
Blutdruck – hohen Blutdruck – Frau Herrmann hat hohen Blutdruck.
unregelmäßig – ist unregelmäßig – Ihr Puls ist unregelmäßig.

19 Puls / Diabetes / Blutzucker / Blutdruck

21a Teller / Messer / Löffel / Serviette / Kaffee / Tee / Tasse / Wasser

21b Frühstück / Brötchen / Konfitüre / Müsli / Süßstoff

22 2. Sie dürfen keine Butter essen. Sie müssen fettfrei essen.
3. Sie dürfen nicht frühstücken. Sie müssen nüchtern bleiben.
4. Sie dürfen keinen Zucker essen. Sie müssen eine Diabetesdiät machen. 5. Sie dürfen duschen. Aber Sie dürfen nicht baden.
6. Sie dürfen aufstehen. Aber Sie dürfen keinen Sport machen.
7. Sie sollen kein Schmerzmittel bekommen. Sie sollen in die Reha gehen.

23 1. muss – darf 2. darf – soll – kann – muss 3. darf 4. darf/soll
5. kann/darf – kann/darf – darf/kann – möchte 6. kannst – kann
7. will/möchte – darf 8. soll/darf – soll

6 Messen und Dokumentieren

1 1. Röntgenapparat, 2. 38^9, 3. 65, 4. Blutdruckgerät

2 Herr Evertz, Ihr Blutdruck ist einhundertachtundvierzig zu neunundachtzig. Ihr Puls ist vierundneunzig und Ihre Temperatur ist siebenunddreißig vier.
Frau Klein, Ihr Blutdruck ist hundertneununddreißig zu hundertzwei und Ihr Puls ist zweiundsiebzig. Ihre Temperatur ist achtunddreißig.
Frau Sarlimaz, Ihr Blutdruck ist einhundertzwölf zu sechsundsechzig und Ihr Puls ist neunundfünfzig. Ihre Temperatur ist sechsunddreißig neun.
Frau Walter, Ihr Blutdruck ist einhundertsiebenundfünfzig zu einhundert. Ihr Puls ist dreiundsiebzig und Ihre Temperatur ist siebenunddreißig acht.

3 die Information – informieren / die Verdauung – verdauen / die Kontrolle – kontrollieren / das Dokument / die Dokumentation – dokumentieren / der Puls – pulsieren (der Schlag – schlagen) / das Blut – bluten

4 168/123 = einhundertachtundsechzig zu einhundertdreiundzwanzig / 79 = neunundsiebzig / 134/98 = einhundertvierunddreißig zu achtundneunzig / 56 = sechsundfünfzig

5 89 neunundachtzig / 98 achtundneunzig / 457 vierhundertsiebenundfünfzig / 475 vierhundertfünfundsiebzig / 7467 siebentausendvierhundertsiebenundsechzig / 4674 viertausendsechshundertvierundsiebzig

6 1 Frau Meier, ich möchte Ihren Blutdruck, den Puls und den Blutzucker messen. Zuerst messe ich die Temperatur. 2 Ihre Temperatur ist in Ordnung. Sie haben 36^9 / sechsunddreißig neun.
3 Ich messe jetzt Ihren Puls und dann den Blutzucker. Ihr Puls ist 89/neunundachtzig und der Blutzucker 112/hundertzwölf. Beide Werte sind normal.
4 Ich messe jetzt Ihren Blutdruck. Ihr Blutdruck ist 162/123 / einhundertzweiundsechzig zu einhundertdreiundzwanzig. Das ist ein bisschen zu hoch.
5 Wie fühlen Sie sich heute?
6 Waren Sie auf der Toilette? / Hatten Sie Verdauung?
7 Dr. Stahl kommt gleich. Ich informiere ihn, dass es Ihnen nicht gut geht.

7 2. Sie haben eine Hypotonie, Ihr Blutdruck ist zu niedrig. 3. eine Tachykardie, Ihr Puls schlägt zu schnell. 4. eine Bradykardie, Ihr Puls ist zu langsam. 5. eine Hyperglykämie, Ihr Blutzucker ist zu hoch. 6. eine Hypoglykämie, Ihr Blutzucker ist zu niedrig. 7. Sie haben arrhythmischen Puls, Ihr Puls schlägt nicht regelmäßig.

8a Temperatur 36^8, Puls 72, Blutdruck 190/110, Blutzucker 100

8c Am 17.11. war ihr Blutdruck 177/102. Die Temperatur war morgens 37^2 und mittags/abends 37^4. Ihr Blutzucker war 112. Frau Herrmann hatte keine Verdauung.

8d Frau Herrmann hat einen Blutdruck von 190 zu 113. Ihr Puls war morgens 100. Ihr Blutzucker war 120. Sie hatte 37^2 Temperatur. Sie hatte Verdauung.

9 Herr Evertz ist einen Meter achtundsiebzig groß und wiegt einhundertzwanzig Kilo. Er hat einen Blutdruck von hundertneunundsiebzig zu hundertzwei. Sein Puls ist neunundsiebzig. Sein Puls ist unregelmäßig. Morgens hatte er eine Temperatur von sechsunddreißig acht und mittags von achtunddreißig. Sein Blutzucker ist einhundertneunundzwanzig.

10 a die Speiseröhre / b das Zwerchfell / c die Leber / d der Magen / e die Niere / f die Gallenblase / g das Nierenbecken / h die Bauchspeicheldrüse / i die Milz / k der Zwölffingerdarm / l der Dickdarm / m der Dünndarm / n der Blinddarm / o der Mastdarm / p der Wurmfortsatz / q die Harnblase

10b 2. Bauchspeicheldrüse, 3. Dickdarm, 4. Blinddarm, 5. Leber, 6. Harnblase

11 2. Ventriculus, 3. Ren, 4. Pyelon, 5. Splen

12 64 – 72 – 68 – 86 – 84 – 104 – 112 – 108 – 96 – 88 – 76 – 100 – Ihr Puls ist 92.
36^8 – 39^4 – 40^1 – 36^2 – 38^5 – 37^9 – 40^4 – 37^2 – 39^3 – 36^9 – 39^6 – 39^2 – Sie haben 38^6 Temperatur.
120/80 – 160/95 – 140/75 – 135/85 – 155/100 – 142/80 – Ihr Blutdruck ist 110/70.
85 – 97 – 102 – 115 – 160 – 245 – 300 – 310 – 240 – 110 – Ihr Blutzucker ist 155.

13 T = Temperatur / RR = Blutdruck / P = Puls / BZ = Blutzucker / BZ mg/dl = Milligramm Blutzucker pro Deziliter / Urin/Bl.-Kath. = Urin-Blasen-Katheter / Stuhl = Stuhlgang / Ø = kein/nicht

14 1. Blutdruckmessgerät, 2. Blutzuckermessgerät, 3. Ohrthermometer, 4. Pulsuhr, 5. Stethoskop

15 die Bauchorgane, die Bauchspeicheldrüse, der Wurmfortsatz, der Dickdarm, der Dünndarm, der Zwölffingerdarm, das Zwerchfell, die Speiseröhre, die Gallenblase, der Magen, die Niere, das Nierenbecken, die Harnblase

16 bleiben – nüchtern bleiben – Sie müssen heute nüchtern bleiben. / Essen reichen – Frau Krüger Essen reichen – Kannst du bitte Frau Krüger Essen reichen? / Aufbaukost – bekommen Aufbaukost – Sie bekommen Aufbaukost. / zu hoch – sind zu hoch – Ihre Blutzuckerwerte sind zu hoch. / Blutdruck – hohen Blutdruck – Frau Herrmann hat hohen Blutdruck. / unregelmäßig – ist unregelmäßig – Ihr Puls ist unregelmäßig.

17 2. Ich möchte gegen 11 Uhr im OP eine Darmspiegelung machen. 3. Schwester Svetlana holt Sie hier um kurz vor 11 (Uhr) ab. 4. Schwester Svetlana bringt Sie in den OP. 5. Kommt Ihre Tochter heute? 6. Sie können ab dem Mittagessen wieder normal essen. 7. Ich bringe den Befund abends in Ihr Zimmer.

18 2. Ich schenke ihn Ihnen gleich ein. 3. Ich bringe sie ihm gleich. 4. Ich gebe sie ihr gleich. 5. Ich schüttle es Ihnen gleich auf. 6. Ich beziehe es Ihnen gleich neu. 7. Ich kämme sie Ihnen gleich.

19 1. Ich wechsle sie ihm gleich. 2. Ich verabreiche es ihr gleich. 3. Ich gebe sie ihnen gleich. 4. Ich erkläre ihn ihm gleich. 5. Ich bringe sie ihr gleich.

7 Aufnahme- und Anamnesegespräch

1 Vorname: Matthias / Geburtsdatum: 16.08.1942 / Geburtsort: Hamburg / Postleitzahl: 42117 / Hausnummer: 175 / Familienstand: VW / Rel.: ev / Nationalität: Deutsch / Beruf: Rentner / Angehörige Tel.: Olaf Wirtz, 0202 – 354 23

2 2. Wann sind Sie geboren? 3. Wo sind Sie geboren? 4. Wie ist Ihr Geburtsname? 5. Wo wohnen Sie? 6. Wie ist die Postleizahl? 7. Welche Straße und Hausnummer? 8. Wie ist Ihr Familienstand? 9. Was ist Ihre Nationalität? 10. Woher wurden Sie verlegt? 11. Wer ist der einweisende Arzt oder die einweisende Ärztin? 12. Wer ist Ihr Hausarzt / Ihre Hausärztin? 13. Was sind Sie von Beruf? 14. Wen sollen wir im Notfall anrufen?

3 die Verlegung – verlegen / der/ die Angehörige – angehören / die Wohnung – wohnen / die Aufnahme – aufnehmen / die Benachrichtigung – benachrichtigen

4 1 Ist das Ihr Vorname? 2 Buchstabieren Sie bitte. 3 Wie heißt die Straße? 4 Welche Hausnummer? 5 Welche Postleitzahl? 6 Wie ist die Handynummer?

5 c

6 1. vegetarisch 2. geboren 3. 79117 Freiburg 4. 0761 569 233 14

7 1. H – Rollstuhl / 2. E – Unterarmgehstütze, F – einen Rollator, I – Gehwagen / 3. D – Urinflasche, B – Steckbecken / 4. A – Toilettenstuhl / 5. G – Hörgerät / 6. C – Brille

8 1 Unterarmgehstützen, Rollstuhl / 2 sitzend, ansprechbar, teilweise aggressiv, orientiert, lebt selbstständig. / 3 Urinflasche, Steckbecken / 4 Hörgerät, Brille

9 *hören:* Hören Sie gut? Brauchen Sie ein Hörgerät?
sehen: Sehen Sie gut? Brauchen Sie eine Brille oder Kontaktlinsen?
gehen: Können Sie gehen? Brauchen Sie einen Rollator oder einen Rollstuhl?
ausscheiden: Hatten Sie Verdauung? Wann waren Sie das letzte Mal auf der Toilette und hatten Stuhlgang?

10 Aphasie – Sprachlosigkeit / Rigor – Muskelstarre / Tremor – Zittern / Kontraktur – Versteifung / Mobilität – Beweglichkeit / Parese – Lähmung / Inkontinenz – Blasenschwäche / Stoma – künstlicher Darmausgang / verbal – mit Worten / nonverbal – ohne Worte, mit Gesten, Blicken usw.

11 1. ansprechbar 2. erregt 3. orientiert – desorientiert 4. selbstständig 5. benommen 6. bewusstlos

12 Frau Lipus klagt über Bauch- und Rückenschmerzen.

13 1 Was ist passiert? 2 Sind Sie schon öfter gestürzt? 3 Wie ist das passiert? 4 Sind Sie schon einmal operiert worden? 5 Nehmen Sie Medikamente? 6 Haben Sie sie mitgebracht? 7 Haben Sie noch andere Beschwerden?

14 1. Große Laborroutine / 2. EKG / 3. Sonographie / 4. Röntgen-Thorax / für morgen: Magenspiegelung / für übermorgen: Coloskopie / am Donnerstag: CT / für heute Mittag: Konsil / gegen Schmerzen: Schmerztropf 1 / 1500 ml / 1500 ml

15 Wir machen eine Gastroskopie, das ist eine Magenspiegelung. / Wir machen eine Coloskopie. Das ist eine Darmspiegelung. / Wir machen ein CT. Das ist eine Computertomographie. / Wir machen eine Sonographie. Das ist eine Ultraschalluntersuchung. / Wir machen eine MRT. Das ist eine Magnetresonanztomographie. / Wir röntgen Ihren Thorax. Thorax heißt Brustkorb. / Sie bekommen einen Schmerztropf. Das ist eine Infusion mit Schmerzmitteln. / Sie bekommen ein orales Schmerzmittel. Oral heißt zum Einnehmen durch den Mund. / Wir berufen ein Konsil ein. Das heißt, wir besprechen Ihren Fall mit Ärzten aus anderen Fachrichtungen.

16a *Entzündungen:* die Ösophagitis, die Colitis, die Appendizitis, die Gastritis, die Zystitis, die Cholezystitis, die Nephritis, die Pankreatitis, die Ileitis, die Hepatitis.
-steinleiden: die Nephrolithiasis, die Cholelithiasis
Geschwüre: das Ulcus duodeni, das Ulcus ventriculi

16b 2. die Gastritis 3. die Appendizitis 4. die Zystitis 5. die Nephritis 6. das Ulcus ventriculi 7. die Nephrolithiasis 7. die Pankreatitis 8. die Colitis 9. die Ileitis 10. das Ulcus duodeni 11. die Hepatitis 12. die Ösophagitis

18 GS =geschieden / LD = ledig / VW = verwitwet / VH = verheiratet / LP = Lebenspartner

19 ml = der Milliliter / mg = das Milligramm / i.v. = intravenös / CT = die Computertomographie / MRT = die Magnetresonanztomographie / BDK = der Blasendauerkatheter / SPF = die suprapubische Blasenfistel = der Bauchdeckenkatheter

20 2. Der Verletzte, der sitzt. Der Verletzte hat gesessen. 3. Der Patient, der steht. Der Patient hat gestanden. 4. Der Verletzte, der liegt. Der Verletzte hat gelegen. 5. Der Arzt, der Dienst hat. Der Arzt hat Dienst gehabt.

21 2 Sie hat schlecht geschlafen. 3 Sie ist oft aufgewacht. 4 Sie hat stark geschwitzt. 5 Sie ist ohne Hilfsmittel aufgestanden. 6 Sie ist hingefallen. 7 Sie hat sich nicht verletzt.

22 1. haben … begonnen? 2. haben … gegessen? 3. Haben … getrunken? 4. Haben … genommen? 5. ist … passiert? 6. Haben … vertragen? 7. Sind … geworden?

23 1. habe ... aufgenommen 2. habe ... verlegt – habe ... angeordnet 3. hat ... angesehen – habe ... angemeldet 4. habe ... aufgeschrieben 5. hat ... bekommen

24 *haben:* hat gespritzt, gelegt, geholfen, ausgeschieden, verordnet, angemeldet, gegeben, untersucht
sein: ist gestorben, gestürzt, passiert, gefallen, gekommen, eingeschlafen, aufgewacht, gegangen.

25 1. Dr. Stahl hat ein neurologisches Konsil angemeldet. 2. Schwester Svetlana hat die Verordnung angesehen. 3. Der Patient hat eigene Medikamente mitgebracht. 4. Herr Evertz ist heute zum ersten Mal aufgestanden. 5. Hat Frau Krüger die Medikamente eingenommen?

8 Vor und nach der Operation

1 1. das Brustfell = die Pleura 2. das Rippenfell = die Pleura costalis 3. das Lungenfell = die Pleura pulmonalis 4. die Luftröhre = die Trachea 5. die Hauptschlagader = die Aorta 6. Der Herzbeutel = das Perikard 7. das Zwerchfell = das Diaphragma 8. = die Rippe (Rippen) = die Costa (Costae)

2 1 E, 2 A, 3 G, 4 D, 5 F, 6 B, 7 C

3 1. Sie hat Lungenkrebs. 2. 74 Jahre. 3. 0 Rhesus Positiv. 4. 1.78 m – 80 kg. 5. 13,1. 6. 40. 7. 120/80. 8. 84. 9. ohne Befund. 10. nein. 11. 50 mg Tranxilium. 12. durch den Mund. 13. Dormicum 7,5 mg p.o. 14. 06.02.

4 Rh. pos. = Rhesus positiv / Ca = Karzinom / Hgb/Hb = Hämoglobin / Hkt = Hämatokrit / p.o. = per os / cm = Zentimeter / kg = Kilogramm / o.B. = ohne Befund / OP = Operation / mg = Milligramm

5 die Zahnprothese herausnehmen, die Brille absetzen, alles ausziehen, die Unterwäsche ausziehen, das OP-Hemd anziehen, sich hinlegen, die Antithrombosestrümpfe ausziehen

6 2. Bleiben Sie bitte nüchtern. Frühstücken Sie nicht. Trinken Sie nichts. 3. Rasieren Sie sich bitte. / Lassen Sie sich bitte rasieren. 4. Duschen Sie (sich) bitte. 5. Nehmen Sie bitte die Zahnprothese heraus. 6. Legen Sie bitte den Schmuck ab. 7. Ziehen Sie bitte die Thrombosestrümpfe aus. 8. Nehmen Sie bitte ein Beruhigungsmittel ein.

7 *obere Reihe, von links nach rechts:* das Tuch ("-er), die Pinzette (-n), der Tupfer (-), die Schere (-n), der Nadelhalter (-), das Skalpell (-e), die Klemme (-n)
mittlere Reihe: die Nadel (-n), das Pflaster (-)
untere Reihe: die Drainage (-n), der Faden ("-), der Pflasterstreifen

8 1 leitet ... ein, 2 wäscht ... ab, 3 legt, 4 stellt ... ein, 5 schneidet ... auf, 6 entfernt, 7 legt ... ein, 8 ablaufen, 9 näht ... zu, 10 leitet ... aus

9 ZVK = der Zentrale Verweilkatheter (-)
DK/BVK = der Dauerkatheter (-) / der Blasenverweilkatheter (-)

10 s.c. = subcutan / i.m. = intramuskulär / DK = der Dauerkatheter / PEG = die percutane endoskopische Gastrostomie / i.v. = intravenös / MS = die Magensonde / EKG = das Elektrokardiogramm

11 1. 10 bis 13.30 2. Alle 15 Minuten den Blutdruck messen. 3. sofort Röntgen Thorax machen lassen. 4. Blutwerte um 16 Uhr kontrollieren. 5. (keine Antibiotika) 6. bei Schmerzen 0,5 ml Dipidolor zusätzlich. 7. ab 16 Uhr darf sie trinken. 8. nach Plan 9. nach Plan 10. auf Urinausscheidung achten.

12b (1) Seewald, (2) eine Hüftendoprothese, (3) 8.00 ... 10.00 Uhr, (4) 6x ... 15 ... 4x ... 30 (5) 14 Uhr, (6) ½ Ampulle Dipidolor i.m., (7) 12 Uhr, (8) 1500 ml NaCl, (9) Reduktionskost

13 RR 110/90 / Puls 80 / Temperatur 36^0 / ½ Ampulle Dipidolor / Einfuhr oral parenteral / 300 ml / 500 ml

14 1. 110/90, 2. 36^6, 3. 115/90, 4. 100 ml, 5. 110/85, 6. 84

15 1 Wie geht es Ihnen, Frau Schumann? 2 Nein, Sie dürfen in einer Stunde etwas trinken. 3 Ja, Sie bekommen gleich ein Schmerzmittel über Tropf. / Ich spritze Ihnen sofort etwas über (den) Schmerzkatheter. 4 Sie dürfen noch nichts essen. In drei Stunden bekommen Sie leichte Kost.

17 *Maße:* 1,83 m, 1 m, 1,05 m; 76 cm, 30 cm, 12 cm, 5 cm; 4 mm, 2 mm; 75 kg, 3,5 kg; 250 g; 25 mg, 3 mg, 0,25 mg, 0,2 mg ; 3 l, 1 l; 400 ml, 3,5 ml, 0,8 ml, 0,5 ml, 0,25 ml
Blutgruppen: 0 Rh pos (+), 0 Rh neg (-); A Rh pos (+), A Rh neg (-); B Rh pos (+), B Rh neg (-); AB Rh pos (+), AB Rh neg (-)
Blutwerte: Hb 6,5, Hb 6,8, Hb 7,2, Hb 8,6, Hb 10,0, Hb 11,1, Hb 12,4, Hb 13,7, Hb 15

18a 1. Magenschleimhautentzündung 2. Blinddarmentzündung 3. Lungenkrebs 4. Herzinfarkt 5. Zwölffingerdarmgeschwür

19 124/65 = einhundertvierundzwanzig zu fünfundsechzig, 145/89 = einhundertfünfundvierzig zu neunundachtzig, 38^9 = achtunddreißig neun, 72 = zweiundsiebzig

20 1 Vor, 2 Seit, 3 In, 4 seit, 5 Vor, 6 vor, 7 vor, 8 von ... bis, 9 Vor, 10 nach, 11 ab

21 1. Am, 2. Um, 3. Bis, 4. (Um), 5. Von ... bis

22 1. Bis, 2. Bis, 3. Während, 4. Bis, 5. Während, 6. Seit

23 1. Zuerst leitet die Anästhesistin die Narkose ein. 2. Dann wäscht der Operateur das Operationsgebiet ab. 3. Anschließend deckt der Operateur das Operationsgebiet ab. 4. Nun legt der Operateur sterile Tücher um das OP-Gebiet. 5. Jetzt stellt das OP-Team das Licht ein. 6. Dann schneidet der Operateur den Thorax auf. 7. Danach entfernt der Operateur den Tumor. 8. Später legt der Operateur eine Drainage ein. 9. Dann näht der Operateur die Wunde zu. 10. Zum Schluss leitet die Anästhesistin die Narkose aus.

24 1. alle fünf Minuten 2. gerade eben = eben erst 3. schon ganz früh 4. Nicht mehr lange

9 Visite und Übergabe

1 1. nicht so gut 2. Er hatte Herzrasen. 3. nein 4. Druck auf der Brust 5. EKG, Blutdruck und Puls kontrollieren 6. nein 7. nein

2a 1 Anordnungen, 2 Pflegemaßnahmen, 3 Diagnostik/Konsile, 4 Pflegebericht

2b 1 B / 2 C / 3 A / 4 D

3a 2. D/K, 3. P, 4. P, 5. D/K , 6. P, 7. D/K, 8. P, 9. D/K , 10. P , 11. D/K, 12. P, 13. P, 14. P

3b B 6 / C 6,3 / D 14 / E 10 / F 2 / G 1 / H 13 / I 11

4 der Wechsel – wechseln / die Messung – messen / die Lagerung – lagern / die Pflege – pflegen / der Eingriff – eingreifen / die Anordnung – anordnen / die Diagnose – diagnostizieren

5a tgl. = täglich / stdl. = stündlich / VW = Verbandswechsel / Rö = Röntgen

5b 2 Wir messen stündlich den Blutdruck und den Puls. 3 Wir machen ein EKG. 4 Wir wechseln täglich Ihren Verband. 5 Wir machen einen Röntgen-Thorax, wir röntgen Ihre Lunge. 6 Wir machen am Montag eine Magenspiegelung. 7 Wir machen am Dienstag eine Abdomensonographie, eine Sonographie von Ihrem Bauch. 8 Wir lagern Sie dreimal in der Stunde um.

6 *Dialog 1:* 3 x tgl. inhalieren
Dialog 2: li Arm röntgen
Dialog 3: 3 x tgl. Fußbad, Verband anlegen/machen, Ferse frei lagern

7 1 C / 2 A / 3 B

8 Zimmer 15 – Meier – entlassen – Verband am linken Bein wechseln – fragen, ob die/seine Entlassungspapiere fertig sind – Medikamente für das Wochenende mitgeben – 11 Uhr
Zimmer 16 – Rose – nicht gut – 39^9 – Temperaturkontrolle – Eispackungen in die Leiste
Zimmer 18 –Schröder – sehr starke Schmerzen – Schmerzmittel nach Plan – nachfragen, ob er einen Schmerztropf bekommen soll. Herr Grandi – verwirrt – Bettgitter
Zimmer 20 – Schmitz – wird mobilisiert – kann sich am Waschbecken waschen

9 Er hatte einen Kollaps nach Medikamentenmissbrauch. Er ist dehydriert und hat Angstzustände. Er bekommt um 4 Uhr 1000 ml NaCl/Natriumchlorid und um 4.30 Uhr 20 mg Diazepam i.v. Bitte einmal stündlich den Blutdruck und den Puls messen. Verständigen Sie die Angehörigen.

10 Zimmer 22, Herr Pusche: Dr. Stahl ist informiert, heute EKG, anrufen, ob Patient gleich kommen kann
Zimmer 20, Herr Scheppler: um 3.00 Uhr (morgens) eingeliefert, 54 Jahre, Verdacht auf Bronchialkarzinom, beim Waschen helfen, vor dem Aufstehen den Blutdruck messen, er ist zu Hause schon kollabiert, Patient soll 3 x täglich inhalieren
Zimmer 20, Herr Lange: heute OP, Magenresektion, gleich rasieren, 11 Uhr OP, 10.30 Uhr Prämedikation, er ist sehr nervös
Zimmer 18, Frau Rose: wird heute entlassen, vorher Verband(s)-wechsel am linken Bein, hat nicht gut geschlafen, unsicher, Pflegedienst ist informiert, Medikamente für heute und morgen früh mitgeben

11 Anordnung 2: Machen Sie Herrn Evertz täglich ein Fußbad. Machen Sie einen Verbandswechsel und lagern Sie die Ferse frei. / Sie bekommen täglich ein Fußbad und wir machen einen Verband(s)wechsel. Die Ferse wird frei gelagert.
Anordnung 3: Messen Sie Herrn Popov stündlich den Puls und den Blutdruck. Wir machen ein EKG. / Wir messen Ihnen stündlich den Puls und den Blutdruck und wir machen ein EKG.
Anordnung 4: Lagern Sie Frau Rademacher zweimal stündlich um und geben Sie ihr einen Schmerztropf. / Frau Rademacher, wir lagern Sie zweimal stündlich um und gegen Ihre Schmerzen bekommen Sie einen Schmerztropf.

12 Blutdruck = RR / stündlich = stdl. / täglich = tgl. / zweimal = 2 x / Verbandswechsel = VW / zweimal stündlich Temperaturmessung = 2 x stdl. T / Sonographie = Sono / Hämoglobin = Hgb / Hb Dauerkatheter = DK / 0 Rhesus negativ = 0 Rh- / 0 Rhesus positiv = 0 Rh+ / Elektrokardiogramm = EKG / intravenös = i.v. / intramuskulär = i.m.

13 1. dreimal täglich den Blutdruck und den Puls messen 2. wöchentlich Physiotherapie 3. am Montag Abdomensonographie 4. Entlassung am Wochenende 5. Verbandswechsel am linken Fuß 6. Bestrahlung rechter Arm 7. Beine beidseitig mobilisieren 8. zwei Wochen Rehabilitation

15 2. Die Neuzugänge werden untersucht. 3. Das gynäkologische Konsil wird durchgeführt. 4. Die Bettgitter werden angesteckt. 5. Die Grundpflege wird morgens gemacht. Die Patienten werden gewaschen und die Betten (werden) gemacht.

16 1. Pflegeberichte werden geschrieben. 2. Maßnahmen werden durchgeführt. 3. Maßnahmen werden dokumentiert. 4. Durchgeführte Untersuchungen werden eingetragen. 5. Es wird geröntgt, informiert und operiert. 6. Bettgitter werden angesteckt. 7. Es wird untersucht. 8. Patienten werden abgeholt und gebracht. 9. Patienten werden mobilisiert. 10. Angehörige werden benachrichtigt.

17 2. Der Patient ist narkotisiert worden. 3. Das OP-Gebiet ist abgewaschen und mit steriler Watte abgedeckt worden. 4. Der Thorax ist aufgeschnitten worden. 5. Es ist eine Drainage für das Blut gelegt worden. 6. Der Tumor ist entfernt worden. 7. Die Wunde ist zugenäht worden. 8. Die Narkose ist ausgeleitet worden. 9. Der Patient ist ins Wachzimmer gebracht worden.

18 1. Der Fuß wird verbunden. 2. Der Patient wird umgelagert. 3. Die Temperatur wird im Ohr gemessen. 4. Es wird ein EKG gemacht. 5. Der Fuß wird gebadet.

19 2. Herr Evertz muss zweimal stündlich umgelagert werden. 3. Seine Temperatur muss dreimal täglich kontrolliert werden. 4. Der Verband muss täglich gewechselt werden. 5. Frau Krüger muss täglich gebadet werden. 6. Puls und Blutdruck müssen alle zwei Stunden kontrolliert werden. 7. Blut muss abgenommen und ins Labor geschickt werden. 8. Ein Bettgitter muss angesteckt werden. 9. Herr Popov muss in die Atemgymnastik eingewiesen werden.

20 2. Der Patient ist gewaschen worden. 3. Der Patient ist entlassen worden. 4. Das Bein ist rasiert worden. 5. Der Verband ist gewechselt worden. 6. Die Temperatur ist gemessen worden.

10 Medikamente

1 *Organe:* die Lunge, der Darm, das Herz, die Niere, die Leber
Gefäße: die Lungenkapillaren, die Lungenarterie, die Lungenvene, die Aorta, die Lymphgefäße, die Venen, die Arterien, die Kapillaren

2a 1 D / 2 G / 3 F / 4 A / 5 B / 6 E / 7 C

2b 1. richtig / 2. falsch / 3. richtig / 4. richtig / 5. falsch

3 die Wirkung – wirken / die Zusammensetzung – zusammensetzen / die Anwendung – anwenden / der Hinweis – hinweisen / die Verabreichung – verabreichen / die Dosierung – dosieren / die Minderung, die Steigerung – mindern, steigern

4 1. gegen Herzschmerzen 2. bei Allergie, Schock, Kreislaufversagen, zu niedrigem Blutdruck 3. in die Mundhöhle sprühen 4. Kopfschmerzen, Übelkeit, Erbrechen, Blutdruckabfall, Kollaps

5b *Beipackzettel:* für Laien, ausführliche Erklärungen
Rote Liste®: für medizinisch Ausgebildete, Fachwörter, Fremdwörter, kurz, prägnant, lateinische Bezeichnungen

6 2. spastisch 3. Überempfindlichkeit 4. Anwendungsbeschränkungen 5. Schwangerschaft und Stillzeit 6. Nebenwirkungen 7. Wechselwirkungen 8. toxisch 9. Hinweise 10. Dosierung 11. Flasche 12. Injektion

7 *Herr Droste:* morgens 1 Atacand 8 mg, 1 Tabl. Laif 900, abends 1 Beloc-Zok Herz 23.75 mg, 3 x 1 Thromcardin, zur Nacht 1 Tabl. Adumbran
Lena Schmitz: morgens 1 Tabl. L-Thyroxin 50, 1 x 1 Curazink Kapsel, 3 x täglich 2,5 ml Mucosolvan Kindersaft und (3 x täglich) Nasivin Nasentropfen
Frau Lange: morgens 1 Filmtabl. Simvahexal, 1 ASS 100, 1 Tabl. Pantozol 40, morgens und abends Foradil Inhalationsspray, 1 x täglich Clexane 40 subcutan und abends 1 Canifug Vag. supp.

8 3 x tgl. = dreimal täglich / ml = Milliliter / 1 – 0 – 0 = eine (Tablette) morgens, keine mittags, keine abends / Kps. = Kapsel / supp. = Suppositorium / b.B. = bei Bedarf / NT = Nasentropfen

9 1 – 0 – 0 / morgens Provas 80, bei Bedarf 20 Tropfen Novalgin, dreimal täglich Tannosynt-Sitzbad, dreimal täglich Otriven Nasentropfen, zur Nacht 1 Tablette Aponal 100, dreimal täglich 1 Vomex 150 supp.

10 bei Bedarf 20 Novalgintropfen®, 1 x eine Kapsel Adalat, 1 x täglich Clexane® 20 subcutan

11 Herr Müller bekommt morgens und abends eine Atacand 8 mg, dreimal täglich eine Thromocardin, zur Nacht bekommt er eine Tablette Adumbran und bei Bedarf bekommt er 10 Novalgintropfen®.

12 1 in die Nase – sprayen, 2 Mund – oral einnehmen, 3 Mund, Nase – sprayen, 4. Scheide – einführen, 5. Ohren – geben/träufeln, 6. Haut – auftragen, 7. After – einführen, 8. Mund – oral einnehmen, 9. Augen – auftragen, 10 Mastdarm – einführen

13 1. gut für das Herz, nach dem Mittagessen, oral einnehmen / 2. für die Schilddrüse, eine halbe Stunde vor dem Frühstück, oral einnehmen / 3. gegen Juckreiz, vor dem Essen mit reichlich Flüssigkeit, oral einnehmen / 4. gegen den hohen Blutdruck, den Rest bei der Visite erfragen / 5. gegen die Bindehautentzündung, abends, auftragen ins Auge / 6. gegen Hämorrhoiden, in den Po einführen

14 Zwei Esslöffel Hustensaft zur Nacht. Inhalieren Sie morgens, mittags und abends. Nehmen Sie dreimal täglich Nasentropfen. / Vor dem Essen eine Tablette. Eine halbe Tablette zur Nacht bei Bedarf. Abends ein Vaginalzäpfchen.

15a das Herz – die Lunge – der Darm / der Magen – die Leber – die Niere / die Venen – die Arterien – die Aorta / die Lungenarterie – die Lungenvene / die Kapillaren – die Lungenkapillaren – die Lymphgefäße

16a dreimal täglich – vierstündlich – dreimal eine – zweimal zwei – einmal eine / 27,5 mg – 23,75 mg – 8 mg – 900 – 500 – 50 µg / 2,5 Milliliter – 5.000 Einheiten

17 1. das neue Medikament weniger Nebenwirkungen hat. 2. weil es wirksamer als das alte ist. 3. weil Sie das alte Medikament nicht mehr vertragen haben. 4. weil Sie gegen das alte Medikament allergisch geworden sind.

18 1. Sie müssen diese Tabletten morgens vor dem Frühstück nehmen, weil sie dann am besten wirken. 2. Sie müssen sich vor der Operation rasieren, weil die Wundversorgung danach einfacher ist. 3. Machen Sie Atemgymnastik, weil die Sekrete dadurch besser gelöst und abtransportiert werden. 4. Wir geben Ihnen die Medikamente über einen Tropf, weil wir so geringer dosieren können. 5. Wir operieren morgen, weil das Karzinom so schnell wie möglich entfernt werden muss.

19 2. Wenn Sie Angst haben, klingeln Sie. / Klingeln Sie, wenn Sie Angst haben. 3. Wenn Sie heute Nacht Schmerzen haben, gebe ich Ihnen ein Schmerzmittel. / Ich gebe Ihnen ein Schmerzmittel, wenn Sie heute Nacht Schmerzen haben. 4. Wenn Sie sich nicht allein waschen können, helfe ich Ihnen. / Ich helfe Ihnen, wenn Sie sich nicht allein waschen können. 5. Wenn Sie Schwierigkeiten beim Kauen haben, lassen wir die Speisen pürieren. / Wir lassen die Speisen pürieren, wenn Sie Schwierigkeiten beim Kauen haben.

20 1. wenn 2. weil 3. weil 4. wenn 5. wenn 6. weil

21 1. wenn Sie vor der Operation nicht schlafen können. 2. weil die Inhaltsstoffe damit schneller in die Blutbahn gelangen. 3. wenn Ihnen noch etwas unklar ist. 4. weil Sie zu hohen Blutdruck haben. 5. wenn ich hier drücke?

11 Telefonieren

1a 1. richtig 2. falsch 3. richtig

1b 2. ist korrekt

2a 1. richtig 2. falsch 3. falsch

2b 1. ist korrekt

3 *Begrüßen:* Station 21, Pfleger Tim, guten Tag. – Klinikum Ost, Innere, Dr. Lahm, Guten Tag. – Guten Morgen, Schwester Lina, Krankenhaus Süd, Chirurgische Abteilung. – Apparat Dr. Stahl, Sie sprechen mit Schwester Svetlana, was kann ich für Sie tun?
Nachfragen: Spreche ich mit ... – Sind Sie die Mutter / der Vater / ... von ...? – Mit wem spreche ich bitte?
Auskunft geben: Es geht ihr/ihm den Umständen entsprechend gut. – Es geht ihr/ihm leider nicht so gut / gut. – Da kann ich Ihnen leider keine Auskunft geben. Bitte wenden Sie sich an Dr. Kazanski.
Verabschieden: Auf Wiederhören! – Sie hören von uns. – Wir melden uns morgen bei Ihnen.

4a *höflich:* 2, 3, 5, 8

4b es tut mir sehr leid, könnten Sie bitte, gerne

5 1. Könnte ich bitte mit der Stationsärztin sprechen?
2. Entschuldigung, wo ist Dr. Kazanski?
4. Waschen Sie sich bitte am Waschbecken. 5. Besprechen Sie Genaueres bitte mit Frau Dr. Becker. 6. Könnten Sie (bitte) morgen noch einmal anrufen? 7. Es tut mir leid, ich verstehe Sie nicht. Könnten Sie bitte Ihren Namen wiederholen?
8. Das Operationsergebnis Ihres Vaters ist leider noch nicht da.

6a 1 Krankenhaus Mitte, Station 13, Pfleger Achim, guten Tag. 2 Leider darf ich Ihnen keine Auskunft geben. Sie müssten mit Dr. Stahl sprechen. 3 Im Moment leider nicht. Dr. Stahl ist auf der Station. 4 Sobald er wieder da ist, können Sie mit ihm sprechen. Soll er Sie zurückrufen? Dann geben Sie mir bitte Ihre Telefonnummer. 5 02104 – 2223, danke. Dr. Stahl ruft Sie dann an. Auf Wiederhören.

7a Kalium 4,8 / Calcium 2,1 / Natrium 138 / Hämoglobin (Hb) 10,8 / Hämatokrit (Hk) 33 / Thromobzyten (Thrombos) 290.000 / Leukozyten (Leukos) 18.000

7b Hämoglobin = Hb / Hämatokrit = Hk / Thrombozyten = Thrombos / Leukozyten = Leukos

8 Hb 17 = Hämoglobin siebzehn / Hk 45 = Hämatokrit fünfundvierzig / Thrombos 340.000 = Thrombozyten dreihundertvierzigtausend / Leukos 10.500 = Leukozten zehntausendfünfhundert / K 5,1 = Kalium fünf Komma 1 / Ca 2,2 = Calcium zwei Komma zwei

9 1. Entschuldigung, wie ist Ihre Telefonnummer? 2. Mit wem spreche ich? Sind Sie die Tochter von Frau Krüger? / Wessen Tochter sind Sie? 3. Wiederholen Sie bitte. 4. Entschuldigung, das Blutbild von wem? 5. Wo wartet Herr Klein? Was soll ich tun?

10 1 Kazanski, guten Tag. Sie haben mich angefunkt? 2 Haben Sie seinen Blutdruck schon gemessen? 3 Hat er sonst noch Beschwerden? 4 Dann geben Sie ihm bitte 2 Hybe Nitro®. 5 Ich komme sofort vorbei und wir verlegen ihn auf die Intensivstation. 6 Bis gleich.

11a 1 Ich hätte gern ... gesprochen. 2 ich stelle ... durch. 3 Ich möchte bitte ... sprechen. 4 Einen Moment bitte. 5 Könnten Sie ihn übernehmen? 6 Tschüss!

12a Hb: 11,2 / Hk: 32 / Leukos: 4.500 / Thrombos: 250.000 / K: 4,3 / Na: 123 / Ca: 2,2

12b Der Hb ist elf Komma zwei. Der Hämatokrit ist 32. Die Leukos sind 4.500. 250.000 Thrombos.
Das Kalium ist vier Komma drei. Natrium hundertdreiundzwanzig. Calcium zwei Komma zwei.

12c 1 Hgb / 2 Hk / 3 Leukos / 4 Thrombos / 5 K / 6 Na / 7 Ca

13 Hk 39 – neununddreißig / Ca 3,2 – Calcium drei Komma zwei / Thrombos 328.000 – dreihundertachtundzwanzigtausend / Leukos 6.453 – sechstausendvierhundertdreiundfünfzig

14 1. Frau Klein fragt, ob ihre Mutter die Narkose gut vertragen hat. 2. ob die Operation erfolgreich verlaufen ist. 3. ob man den Tumor entfernen konnte. 4. ob ihre Mutter / sie schon wieder aufgewacht ist. 5. ob die Ernährung umgestellt werden muss. 6. ob ihre Mutter bald nach Hause kann. 7. ob ihre Mutter bald wieder gesund wird.

15 1. Leider kann ich Ihnen nicht sagen, ob Ihr Vater schon operiert wurde. 2. Ich darf Ihnen leider keine Auskunft geben, ob Ihre Freundin auf unserer Station behandelt wird. 3. Ich rufe gleich in der Reha an, ob ein Termin frei ist. 4. Dr. Stahl sagt Ihnen, ob die Behandlung angeschlagen hat. 5. Pfleger Achim gibt Ihnen Auskunft, ob Ihr Lebensgefährte auf die Intensivstation verlegt worden ist.

16 1. wann Herr Popov für den OP fertig sein muss. 2. wie Herr Popov die Operation überstanden hat. 3. was die Blutwerte von Herrn Popov ergeben haben. 4. ob Sie die Tochter von Herrn Popov sind. 5. mit wem ich spreche. 6. ob Herr Popov heute schon Besuch von seiner Familie bekommen kann.

18 1. Entschuldigung 2. Könntest 3. könnten – danke. 4. leider 5. gern 6. mal 7. doch 8. mal

12 Wunddokumentation am Computer

1 HWS = Halswirbelsäule / BWS = Brustwirbelsäule / LWS = Lendenwirbelsäule / K = Kreuzbein / S = Steißbein

2a 1 Steißbein 2 starke Schmerzen 3 Wundrand 4 Wundumgebung 5 Tamponade 6 BWS

4a Der Verband am Steißbein wird gewechselt. Die Wunde wird gereinigt und dokumentiert.

4b 1 Wie geht es Ihnen heute? Haben Sie weniger Schmerzen als gestern? 2 Wir möchten Ihren Verband am Steißbein wechseln. Legen Sie sich bitte auf die Seite. 3 Ich mache jetzt den Verband ab. Ihre Wunde sieht schon viel besser aus. Sie ist kleiner geworden als vor einer Woche und eitert auch nicht mehr so stark.
4 So, wir haben die Wunde gereinigt. Jetzt machen wir ein Foto für unsere Dokumentation. 5 Ich lege das Maßband daneben.
6 Das Foto ist fertig. 7 ich lege eine Tamponade in die Wunde.
8 geben Sie mir bitte eine Wundauflage? 9 dann fixieren wir den Verband noch und schon sind wir fertig.

5 1. Ich möchte Ihren Verband wechseln. Ich nehme Ihre Bettdecke weg. Drehen Sie sich bitte auf die Seite. 2. Ich möchte Ihren Verband abnehmen und den Wundrand säubern. Könnten Sie bitte den Arm heben? 3. Ich möchte Ihre Wunde fotografieren. Ich lege ein Maßband an. Bitte heben Sie Ihren Arm. 4. Ich möchte eine Tamponade einlegen. Könnten Sie bitte den Fuß ruhig halten und anheben? 5. Ich möchte Ihre Wunde nähen. Ich gebe Ihnen eine Beruhigungsspritze und verbinde die Wunde dann.

6a Die Wunde war an der linken Ferse. Sie war zu Beginn 8 bis 9 cm^2 groß.

6b Der Patient ist männlich. Name: Martin Mustermann. 1961 geboren. 1 Meter 78 groß, 95 Kilo(gramm) schwer, Übergewicht.

6c Der Patient ist 1961 geboren, 1 Meter 78 groß und 95 Kilo schwer. Die Wunde war an der linken Ferse, sie war am 27.01. 8 bis 9 cm^2 groß, am 08.02. noch 4 cm^2, wurde dann immer kleiner und war am 28.3. abgeheilt.

7a Wundumgebung: schuppig, Ekzem; Wundrand: gerötet, trocken; kein Wundödem; Patientin hat Schmerzen / Wunde schmerzt; Infektion: regional; Exsudatmenge: mäßig; Exsudatbeschreibung: serös; Exsudatgeruch: kein Geruch / das Exsudat riecht nicht

7b 1. septisch 2. das Exsudat 3. Sepsis 4. mazeriert 5. unterminiert 6. serös 7. lokal 8. regional 9. Ödem

8 Zentimeter = cm / Quadratzentimeter = cm^2 / Body Mass Index = BMI / > = größer, < = kleiner

9a HWS = Halswirbelsäule / BWS = Brustwirbelsäule / LWS = Lendenwirbelsäule / das Kreuzbein = K / das Steißbein = S

10a die Wundmaße – der Wundrand – die Wundumgebung – das Wundödem – die Wundfläche – die Wunddokumentation –

die Wundspülung – die Wundflüssigkeit – schuppig – gerötet – reizlos – mazeriert – eingezogen – trocken

11a Hb 15,2, Hk 37, Leukos 4.500, Thrombos 290.000 / BZ 69, K 3,9, Ca 2,3, Na 133 / 9 cm^2, 2,68 cm^2, kleiner als 1 cm^2, größer als 2 cm^2 / 5,34 Zentimeter, 1,2 Zentimeter, 1 Meter 79, BMI 24,3

12 wechseln – Verband am Steißbein wechseln – Wir möchten Ihren Verband am Steißbein wechseln. / gespült – die Wunde gespült – Wir haben die Wunde gespült. / Dokumentation – Foto für die Dokumention – Wir machen ein Foto für die Dokumentation.

13 entsprechend – den Umständen entsprechend – Es geht ihr den Umständen entsprechend. / Herzkatheteruntersuchung – eine Herzkatheteruntersuchung – Wir planen eine Herzkatheteruntersuchung. / Gefäßchirurgen – den diensthabenden Gefäßchirurgen – Wo finde ich den diensthabenden Gefäßchirurgen?

15 1. stärkere 2. höher 3. kritischer 4. größer 5. schlechter 6. bessere 7. niedriger 8. mehr 9. lieber 10. gesünder

16 1. gut 2. besser 3. schneller 4. schwach – höher – normal 5. mehr 6. gut

17 1. nass 2. gerötet 3. groß 4. kleiner 5. stark – schwächer 6. weich

18 niedrig – am niedrigsten / trocken – trockener / schuppiger – am schuppigsten / langsam – langsamer / stärker – am stärksten / größer – am größten / härter – am härtesten / besser / mehr / höher / lieber

Quellenverzeichnis für Texte und Abbildungen

S. 26/80	Zeichnungen: Regine Grosser
S. 66/67	Beipackzettel Aspirin®, Bayer AG Leverkusen
S. 68	Beipackzettel Nitrolingual-Spray®, G. Pohl-Boskamp GmbH & Co. KG, Hohenlockstedt
S. 69	Screenshot Rote Liste®, www.rote-liste.de
S. 80	Abbildung Wirbelsäule, www.patientenleitlinien.de Universität Witten
S. 82	Screenshot Coloplast, Coloplast Deutschland